郵船クルーズPresents

ASUKA, Around the World

Vol.36
文＝中村庸夫

変わりゆく東京港で

早朝、お台場から飛鳥Ⅱの入港を迎える。
昇ったばかりの淡い光を受け、緑の島の向こうにある航路を北上し、
レインボーブリッジをくぐって、晴海客船ターミナルを目指す。
背後に芝浦のタワーマンション群や東京タワーがそびえる
東京の風景に、飛鳥Ⅱがよく似合う。
東京港の真ん中にこんな緑の無人島が存在すること自体が
奇跡のようで、江戸を守る大砲を置くため、
各藩に埋め立てをして作らせた、洋式大砲を置くための台場や、
のちに埋め立てて造成された細長い鳥の島がある。
東京2020オリンピック・パラリンピック競技大会では、
鳥の島とお台場海浜公園との間がトライアスロンの
水泳会場となる予定で、熱い戦いが展開されることであろう。
オリンピックを機に、晴海客船ターミナルは利用されなくなり、
この撮影場所のすぐ南側の青海地区に
東京国際クルーズターミナルが完成。
これまでは大井ふ頭に接岸していた
レインボーブリッジをくぐれない大型船も接岸可能となり、
今後は東京港のクルーズの起点となる。
世界的にワクチン接種が進み、許可を受けた
船会社によるクルーズも再開されるようになってきた。
そして、郵船クルーズの新造船がドイツの造船所に発注されて、
2025年の就航を目指して建造が始まる。
コロナ禍が収束し、世界的なクルーズブームの再来が望まれる。

なかむら・つねお
海洋写真家として海や海の生物、客船の写真を撮り続け、年間の半分近くは海外取材を行っている。2011年、内閣総理大臣から「海洋立国推進功労者」を受賞。「飛鳥」「飛鳥Ⅱ」を就航以来、撮り続けている。

https://www.asukacruise.co.jp/introduction/gallery/port-collection/

ASUKA CRUISE
伝えたい感動がある。

午後の時間を優雅に演出するハイティー。
主役はシャンパン、それとも紅茶
いえ、飛鳥Ⅱのイブニングハイティーでは
眼下に広がる海が主役です。
ここにしかない午後の時間を楽しんでみませんか。

お帰りなさい、飛鳥Ⅱへ

飛鳥Ⅱの新しいイブニングハイティー。

午後の時間をさらに優雅に演出する新しいサービス。ハーフボトルのシャンパンと共演するのはキャビアほか彩り豊かなコンディメンツ、サーモンのクロワッサンサンド、生ハムのミニバーガー、ストロベリームースやマカロンそして紅茶。ハイティーはキャビン、ビスタラウンジ、パームコートからお気に入りの場所を選んで楽しめます。1セット、2名分で¥13,200(税込)。日没後に繰り広げられる華麗な時間、その序章としてイブニングハイティーはいかがでしょうか。

※写真はイメージです。実際の提供メニューとは異なります。

飛鳥Ⅱ

 郵船クルーズ株式会社

郵船クルーズ(株)は飛鳥Ⅱを保有・運航している会社です。
〒220-8147 横浜市西区みなとみらい2-2-1 横浜ランドマークタワー
TEL 045-640-5301

飛鳥クルーズ　検索

https://www.asukacruise.co.jp

CRUISE
Traveller

Contents

Cover
秋、富士山を
背景に清水港に
近づく飛鳥Ⅱ。

photo by Takehiro Nakamura
design by Kenji Inukai

暮れない空

　昼と夜の長さは毎日少しずつ違う。太陽が出ている時間は、最も短い時と長い時を比べると、場所にもよるが約5時間も違うという。

　この日、にっぽん丸は九州東岸の沖合を南下していた。太陽もすっかり沈みきった後、放射状に伸びる雲がまだ鮮やかに色づいていた。まもなく真っ暗になるだろうと空を見上げていたが、一向に暗くなる気配が感じられない不思議な夕暮れだった。あと少し、あと少しだけ…腕時計はディナーの締切時刻が迫るのを伝えていたが、複雑な空の色に心が奪われてデッキの手すりから手が離せなかった。その時、隣の人のつぶやきが聞こえた。「夏至だ」。一年で最も長い夕暮れは、生涯見てきた夕日の中のどれとも似つかない深い色を見せてくれた。

Vol.22

にっぽん丸
船首千景物語

photo & text by
Kazashito Nakamura

中村風詩人（なかむら・かざしと）｜1983年生まれ、海をライフワークとする写真家。世界一周
クルーズをはじめ、南太平洋一周、アジア一周など長期乗船も多い。船上では写真講演や寄
港地でのフォトツアーなども行う。代表作は、7つの海を水平線でひとつにした写真集『ONE
OCEAN』（クルーズトラベラーカンパニー発行）、近著に『小笠原のすべて』（JTBパブリッシング発行）。

苫小牧・仙台・名古屋を海で結ぶ船旅

Ferry of the year
28 th
1992-2019

フェリー・オブ・ザ・イヤー28年連続受賞
クルーズシップ・オブ・ザ・イヤー（フェリー部門）

アフターコロナの時代、
プライベート空間が確保できる船旅は魅力的。
日本客船のスペーシャスで
個性あふれる客室で過ごす優雅な旅。
進化目覚ましい国内長距離フェリーも、
空間や設備を重視した
スイートや個室を展開している。
それぞれ客室のバリエーションも多彩で、
細部にこだわって選べば
さらに満足度も上がるだろう。
元々ゆとりの空間を誇る船の旅、
さらにこだわりを持って
プライベート空間に視線を向けてみよう。

今こそ堪能したい船上のこだわりの空間。

Heartwarming and
Elegant Cruise Travel

小さな
船旅、
優雅な船旅。

photo by Takahiro Motonami

1

Japanese Cruise Ship Graphics #01

ASUKA Ⅱ

和のぬくもりを
感じる空間

photo by Taku Tanji

久しぶりに客船に、という方も訪れてみたくなる船内空間を紹介しよう。例えば2020年の改装で新設した「W和洋スイート」は、ベッドルームは畳敷き、リビングは洋室と和洋折衷ならではのくつろぎを感じられる客室。バスルームには大きな窓が設けられ、ベッド脇の丸窓越しに海の眺めも楽しめる。船内のグランドスパの露天風呂に入れば、洋上で温泉旅行気分も。

1_「ジャパニーズモダンスイート」がコンセプトのW和洋スイート（45.8㎡）のベッドルーム。 2_W和洋スイートのリビングスペース。夕食はプレミアダイニング「ザ・ベール」でいただく。 3_グランドスパ（大浴場）で、航行中の大海原を眺めながらの湯浴みは爽快だ。

2

1

2

Japanese Cruise Ship Graphics #02

NIPPON MARU

船首の窓辺から
見る景色

photo by Kazashito Nakamura

船の進行方向の景色が眺められる、操舵室と同じ景色を見ながら船旅を
——にっぽん丸の「オーシャンビュースイート」「コンセプトルーム」ならそ
んな夢がかなう。前方の窓が斜めに作られていて、窓際のソファやベッド
から大海原、朝日や夕日を眺めることができる（夜間を除く）。6名まで宿
泊できる「コンセプトルーム」はファミリーの旅におすすめだ。

1_「オーシャンビュースイート」(33㎡)には、にっぽん丸バトラーのサービスもある。 2_ソファベッ
ドを含め6名まで利用できる「コンセプトルーム」(42㎡)。 3_2020年の改装で増設された「ビス
タスイート」(42㎡)はバルコニー付き。

3

1

Japanese Cruise Ship Graphics #03

PACIFIC VENUS

4タイプの
ロイヤルスイート

ぱしふいっくびいなすには4種類のロイヤルスイートがあるのをご存じだろうか？　中世ヨーロッパ風のクラシックな雰囲気が漂う「ノーブル」、和をテーマにした「アルカイック」、スタイリッシュな雰囲気の「モダン」、アイボリー、ピンク系を基調にした「エレガント」の4室。広さは全て65㎡。それぞれテーマが異なる、1室限定のインテリアを楽しんでみたい。

1_格調あるデザインの「ノーブル」(1004)。4室全てバスルームは海側に大きな窓があり、海を眺めながらのバスタイムを楽しめる。 2_障子風のデザインなどを取り入れた「アルカイック」(1001)。 3_都会的なアレンジの「モダン」(1002)。 4_ロマンチックな雰囲気で女性に好まれそうな「エレガント」(1003)。

2

3

4

1

2

guntû
海を近くに
感じる客室

建築家・堀部安嗣氏が瀬戸内海の風景と溶け込むような客船を目指して緻密に設計したガンツウ。小型客船でありながら面積をゆったりと確保し、ずっと滞在していたくなるようなスイートが4タイプある。船首に位置する「ザ ガンツウスイート」の開放感ある展望風呂は海に浮かんでいるような心地を味わえそうだ。さまざまな海の表情を感じられる船である。

1_「テラススイート」(約50㎡)の客室内にある小部屋のようなスペース。 2_「ザ ガンツウスイート」(約90㎡)の客室内にある展望風呂。 3_日本家屋の縁側のようなスペースを海側に設置。昼も夜もくつろぎのスペースとなっている。

3

Japanese Cruise Ship Schedule 2021 Autumn

日本客船クルーズスケジュール

秋の2泊、3泊のショートクルーズを中心に
バリエーション多彩なコースがそろった日本客船のスケジュール。
秋の船旅を優雅に楽しんでみてはいかが。

Asuka II | 飛鳥II

● 問い合わせ：郵船クルーズ　https://www.asukacruise.co.jp/

日程	泊数	航程	料金
9月			
9/3〜9/5	2泊	駿河クルーズ② （横浜〜清水〜横浜）	120,000円〜
9/6〜9/8	2泊	伊豆大島・新島遊覧クルーズ② （横浜〜（伊豆諸島）〜横浜）	109,000円〜
9/10〜9/12	2泊	鳥羽・伊勢クルーズ③ （横浜〜鳥羽〜横浜 ）	120,000円〜
9/18〜9/20	2泊	駿河クルーズ③ （横浜〜清水〜横浜）	120,000円〜
9/21〜9/23	2泊	伊豆大島・新島遊覧クルーズ③ （横浜〜（伊豆諸島）〜横浜）	109,000円〜
9/24〜9/26	2泊	ひたちクルーズ② （横浜〜常陸那珂〜横浜 ）	120,000円〜
9/28〜9/30	2泊	鳥羽・伊勢クルーズ④ （横浜〜鳥羽〜横浜 ）	109,000円〜
10月			
10/1〜10/3	2泊	駿河クルーズ④ （横浜〜清水〜横浜）	120,000円〜
10/3〜10/5	2泊	ひたちクルーズ③ （横浜〜常陸那珂〜横浜 ）	109,000円〜
10/6〜10/8	2泊	秋彩駿河クルーズ （横浜〜清水〜横浜）	119,000円〜
10/8〜10/10	2泊	横浜 オクトーバーウィークエンドクルーズ （横浜〜横浜）	126,000円〜
10/10〜10/13	3泊	横浜 結航路 秋の新宮・四日市クルーズ （横浜〜新宮〜四日市〜横浜）	178,000円〜
10/13〜10/15	2泊	A-trip クルーズ 〜フランス気分〜 （横浜〜横浜）	120,000円〜
10/15〜10/17	2泊	秋の伊豆大島・新島遊覧ウィークエンドクルーズ （横浜〜（伊豆諸島）〜横浜）	131,500円〜
10/19〜10/22	3泊	神戸発着 秋の瀬戸内航行 土佐クルーズ （神戸〜（瀬戸内海）〜高知〜神戸）	178,000円〜
10/23〜10/25	2泊	神戸発着 日南ウィークエンドクルーズ （神戸〜油津（日南）〜神戸）	130,000円〜
10/27〜10/29	2泊	30周年アニバーサリークルーズ3days （横浜〜横浜）	130,000円〜
10/29〜11/1	3泊	30周年アニバーサリーウィークエンドクルーズ （横浜〜清水〜横浜）	203,000円〜
11月			
11/2〜11/4	2泊	秋彩ひたちクルーズ （横浜〜常陸那珂〜横浜）	119,000円〜
11/5〜11/8	3泊	横浜 結航路 駿河・熊野ウィークエンドクルーズ① （横浜〜清水〜新宮〜横浜）	186,000円〜
11/8〜11/10	2泊	のんびり秋旅 横浜・長崎クルーズ （横浜〜長崎）	119,000円〜
11/13〜11/16	3泊	門司発着 秋の瀬戸内航行 土佐クルーズ （門司〜（瀬戸内海）〜高知〜門司）	186,000円〜
11/18〜11/21	3泊	神戸 結航路 熊野・駿河ウィークエンドクルーズ （神戸〜新宮〜清水〜神戸）	186,000円〜
11/22〜11/24	2泊	神戸発着 秋彩土佐クルーズ （神戸〜高知〜神戸）	119,000円〜
11/25〜11/28	3泊	横浜 結航路 駿河・熊野ウィークエンドクルーズ② （横浜〜清水〜新宮〜横浜）	186,000円〜
11/29〜12/1	2泊	Xmas四日市クルーズ （横浜〜四日市〜横浜）	119,000円〜
12月			
12/2〜12/5	3泊	Xmas四日市・駿河湾クルーズ （横浜〜四日市〜（駿河湾）〜横浜）	186,000円〜
12/6〜12/8	2泊	オールディーズミュージック ON ASUKA II （横浜〜横浜）	136,000円〜
12/9〜12/11	2泊	名古屋スペシャルクリスマス ON ASUKA II （名古屋〜名古屋）	136,000円〜
12/12〜12/14	2泊	神戸スペシャルクリスマス ON ASUKA II （神戸〜神戸）	136,000円〜
12/15〜12/17	2泊	神戸発 神戸・横浜ゆったりクリスマスクルーズ （神戸〜横浜）	119,000円〜
12/18〜12/20	2泊	JAZZ ON ASUKA II with BLUE NOTE TOKYO （横浜〜横浜）	141,500円〜
12/22〜12/24	2泊	横浜スペシャルクリスマス ON ASUKA II （横浜〜横浜）	141,500円〜
12/24〜12/26	2泊	クリスマスウィークエンドクルーズ （横浜〜横浜）	141,500円〜

Nippon Maru | にっぽん丸

●問い合わせ：商船三井客船　https://www.nipponmaru.jp

日程	泊数	航程	料金
9月			
9/3〜9/6	3泊	新潟発着 初秋の北海道クルーズ 〜函館・釧路〜（新潟〜函館〜釧路〜新潟）	168,000円〜
9/7〜9/10	3泊	金沢発着 出雲大社・長門クルーズ（金沢〜境港〜仙崎〜金沢 ）	171,000円〜
9/11〜9/13	2泊	金沢／大阪クルーズ（金沢〜大阪）	92,000円〜
9/15〜9/18	3泊	船旅にっぽん丸 〜柳井と沖ノ島周遊〜（大阪〜柳井〜（沖ノ島周遊）〜大阪）	180,000円〜
9/19〜9/22	3泊	名古屋発着 ぐるり四国一周クルーズ（名古屋〜土佐清水〜高松〜名古屋）	171,000円〜
9/23〜9/26	3泊	にっぽん丸で航く 秋の熊野古道（横浜〜新宮〜横浜）	182,000円〜
9/27〜9/29	2泊	にっぽん丸紀行 焼き物の街・常滑 〜スペシャルエンターテイメント〜（横浜〜常滑〜横浜）	120,000円〜
10月			
10/11〜10/14	3泊	秋の味覚クルーズ 〜蒲郡・鳥羽〜（横浜〜蒲郡〜鳥羽〜横浜）	177,000円〜
10/15〜10/18	3泊	週末利用 別府・生口島クルーズ（神戸〜別府〜瀬戸田〜神戸）	177,000円〜

Pacific Venus | ぱしふぃっくびいなす

●問い合わせ：日本クルーズ客船　https://www.venus-cruise.co.jp

日程	泊数	航程	料金
9月			
9/3〜9/5	2泊	神秘の里 高千穂峡と宮崎 日向クルーズ（神戸〜日向(細島)〜神戸）	118,000円〜
9/6〜9/9	3泊	ぐるっと 門司・境港・金沢クルーズ Aコース（神戸〜門司〜境港〜金沢）	135,000円〜
9/7〜9/9	2泊	ぐるっと 門司・境港・金沢クルーズ Bコース（門司〜境港〜金沢）	94,000円〜
9/10〜9/13	3泊	秋の佐渡島・秋田クルーズ（金沢〜秋田〜佐渡島(小木)〜金沢）	166,000円〜
9/14〜9/16	2泊	秋の京都舞鶴クルーズ（富山新港〜京都舞鶴〜富山新港）	113,000円〜
9/17〜9/20	3泊	秋の休日 五島列島 隠岐諸島・瀬戸内海クルーズ（京都舞鶴〜（隠岐周遊）〜五島〜（瀬戸内海）〜神戸）	166,000円〜
9/21〜9/24	3泊	秋の世界自然遺産 屋久島・別府クルーズ（神戸〜別府〜屋久島〜神戸）	166,000円〜
9/25〜9/27	2泊	広島発 世界自然遺産 屋久島クルーズ（広島〜屋久島〜広島）	121,000円〜
9/30〜10/2	2泊	下関発 世界自然遺産 屋久島クルーズ（下関〜屋久島〜下関）	121,000円〜

guntû | ガンツウ

●問い合わせ：せとうちクルーズ　https://guntu.jp

日程	泊数	航程	料金
10月1日ほか	2泊	中央航路 せとうちの潮流と多島美を楽しむ 大三島沖・詫間湾沖錨泊3日間	525,000〜1,025,000円
10月6日ほか	2泊	西回り航路 多島美を巡って神の島をご参拝 宮島沖・大三島沖錨泊3日間	500,000〜1,000,000円
10月14日ほか	3泊	特別航路 晩秋の瀬戸内海をたゆたう旅 大三島沖・鞆の浦沖・詫間湾沖錨泊4日間	800,000〜1,550,000円
10月20日ほか	2泊	東回り航路 瀬戸内の新旧の魅力に触れる 玉野沖・鞆の浦沖錨泊3日間	525,000〜1,025,000円
10月29日ほか	2泊	中央航路 塩飽水軍ゆかりの海域を辿る 詫間湾沖・鞆の浦沖錨泊3日間	550,000〜1,050,000円
10月31日ほか	3泊	東回り航路 せとうちの伝統文化と技術を体験する 玉野沖・日生沖・鞆の浦沖錨泊4日間	800,000〜1,550,000円

進化を続ける

新型フェリーの船旅 New St

フェリーは相部屋、というイメージは過去のもの。
最新鋭のフェリーのアトリウムや

yle Ferry

写真＝丹治たく、本浪隆弘（P20〜21,30〜31,38〜39,46〜47,54〜55）
photo by Taku Tanji, Takahiro Motonami
編集＝島津奈美
edit by Nami Shimazu

夕日に包まれる来島海峡大橋
と瀬戸内海。この大橋下を通
るフェリー航路もある。

水平線と光が

海の向こ

織り成す時間、

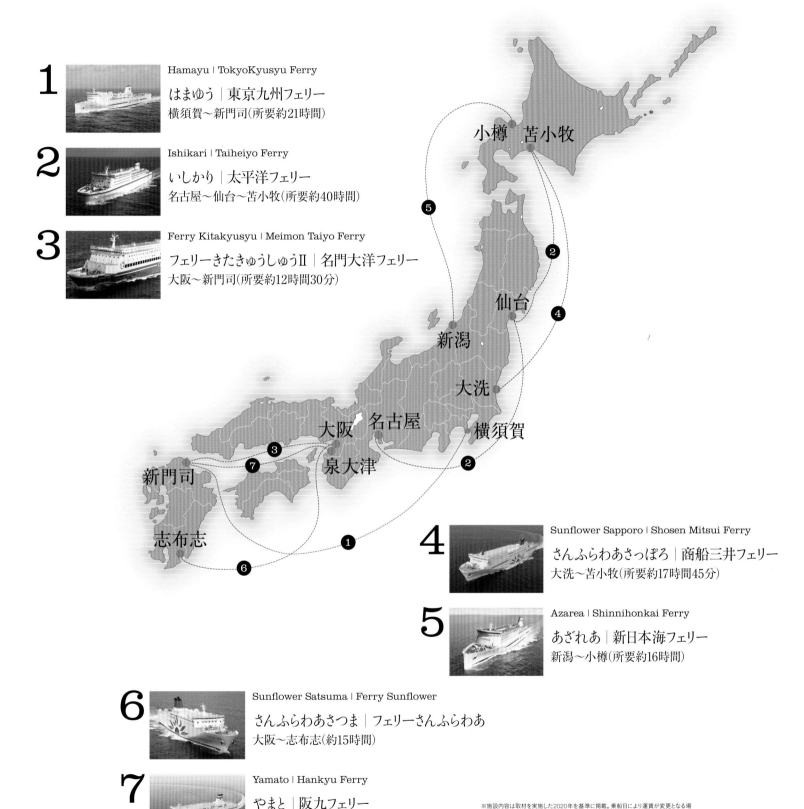

1 Hamayu | TokyoKyusyu Ferry
はまゆう｜東京九州フェリー
横須賀〜新門司（所要約21時間）

2 Ishikari | Taiheiyo Ferry
いしかり｜太平洋フェリー
名古屋〜仙台〜苫小牧（所要約40時間）

3 Ferry Kitakyusyu | Meimon Taiyo Ferry
フェリーきたきゅうしゅうⅡ｜名門大洋フェリー
大阪〜新門司（所要約12時間30分）

4 Sunflower Sapporo | Shosen Mitsui Ferry
さんふらわあさっぽろ｜商船三井フェリー
大洗〜苫小牧（所要約17時間45分）

5 Azarea | Shinnihonkai Ferry
あざれあ｜新日本海フェリー
新潟〜小樽（所要約16時間）

6 Sunflower Satsuma | Ferry Sunflower
さんふらわあさつま｜フェリーさんふらわあ
大阪〜志布志（約15時間）

7 Yamato | Hankyu Ferry
やまと｜阪九フェリー
泉大津〜新門司（所要約12時間30分）

小樽　苫小牧
仙台
新潟
大洗
大阪　名古屋
横須賀
新門司　泉大津
志布志

※施設内容は取材を実施した2020年を基準に掲載。乗船日により運賃が変更となる場合や、新型コロナウイルス対策で施設が閉鎖されている場合がございます。詳しい情報はフェリー各社の公式ホームページを確認、もしくは予約センターへお問い合わせください。

うは新しい風景――

どこのクルーズ客船ですか？

文 茂木政次
text by Masatsugu Mogi

写真 丹治たく
photo by Taku Tanji

旅のプレリュードは、ブルーエレベーターとステージが備わる三層吹き抜けのエントランスホールから。

It's a ferry ship that you can also enjoy the planetarium.

プラネタリウムも楽しめるフェリーです。

プラネタリウムも楽しめるスクリーンルーム。くつろぎの船旅を追求する新時代のフェリーシップ。

首都圏と九州を結ぶ
最新のクルージングフェリー

Hamayu
TokyoKyusyu Ferry

はまゆう｜東京九州フェリー

十数年ぶりに首都圏から九州までの直行航路が復活した。
新日本海フェリーを軸とするSHKグループが投入する
横須賀と北九州を結ぶ最新のフェリーは
クルーズトラベラーにとって新しい旅の手段となりうるのか？

横須賀と北九州を結ぶ航路には、それぞれの市の花から「はまゆう」と「それいゆ」と名付けられた最新のクルージングフェリーが就航する。横須賀港を23:45に出航し新門司港には翌日20:45に到着する少し長めの旅となることから、快適な時間と空間演出が成功のキーとなる。まずは船旅へのゲートウェイとなる横須賀新港地区に新設されたターミナル。ガラス越しに船体が眺められ、旅の高揚感は間違いなく高まるだろう。次に乗船したゲストが最初に目にするのが広大な吹き抜けロビー。ことさら上質感を感じるのは木目を多用したデザインゆえだろうか。ピークシーズンにはステージでイベントも計画されているので期待したい。クルーズトラベラーが最も気になるキャビンも上質だ。最上級のデラックスルームはベッドルームにソファ、さらにバスとトイレも備える。ソファの外側にあるプライベートバルコニーには少し驚いた。かなり攻めたアイデアだと思う。レストランも同様だ。セルフサービスが多い中で、同船はタブレットでオーダーした料理をスタッフがサーブするスタイル。メニューも九州と神奈川の素材を生かしたメニューが並ぶ。この日は「九州産いさきの刺身」と「湘南シラスのシカゴ風ピザ」が気になった。アウトサイドのテラスでは潮風に吹かれながらのバーベキューを楽しませるというアイデアも攻めている。関係者から「移動」ではなく「旅」の手段として企画したという言葉を幾度も聞いた。ゲスト満足度とオペレーション事由、企画段階では難しい調整があったはずだが、旅の手段とするために、かなり攻めて仕上げていると感じた。ゆえに、「はまゆう」で航く21時間の小さな船旅は、優雅な船旅となるはずだ。

ピアノも設置されたエントランスホール前のステージ。木目を多用した上質な雰囲気には招かれた多くの報道陣から感嘆の声が。

ハイエンドなデラックスルームは2部屋のみ。バス・トイレはもちろん、テラスも備わり、プライベートな旅が満喫できる特別なキャビン。

作り込まれたフォワードサロンは、会員制
ラウンジの雰囲気。全てのゲストが利用
できるくつろぎの空間。

海を感じる場所を
随所に配置

1_展望浴室の奥には露天風呂が
設置される。大海原を眼下にジャ
グジー気分で贅沢な時間を楽しみ
たい。 2_同じく浴室に併設された
本格サウナからも海を見ながら。
3_クルーズ客船では定番のジムも
設置。 4_レストランでは門司港焼
きカレーや横浜サンマー麺などそ
れぞれの地域で愛されるB級グル
メも。

1_横須賀新港地区のランドマークとして新設された軽快なデザインが特徴のターミナル。
2_旅の高揚感を掻き立てられる待合ロビーも、船内同様に上質感にあふれていた。

top interview
入谷会長一問一答

新しい旅の手段として上質な時間を提供したい

東京九州フェリー株式会社 会長
入谷泰生氏

Q1│横須賀起点の理由は?

日本でも最速の部類に入る運航速度27ノットという高速化を実現しているが、北九州まで約1000kmをデイリーサービスで運行するとなると東京湾内に発着地を設けることは難しいと判断した。ただし、当社グループである新日本海フェリーの新潟発着の乗船旅客を分析すると、繁忙期などはほとんどが首都圏在住の利用者で占められていることから、横須賀発着でも対応できると考えている。

Q2│施設設計のポイントを教えてください。

約21時間の滞在となるのでパブリックスペースの充実には特に配慮した。プラネタリウムが楽しめるシアター、大浴場や露天風呂、スポーツジムなど思い思いに楽しんでいただける施設かと。また、船室も個室化を推進して一般旅客の取り込みを図るとともに、ペットルームの設置など旅のトレンドを盛り込んでいる。

Q3│上質なレストランも注目されるのでは?

通常、ビュッフェやカフェテリアスタイルが一般的だが本船ではテーブル上のタブレットを使ってオーダー、スタッフが配膳する仕組みを採っている。これで優雅な食事の時間を提供したい。メニューにも一工夫し、双方の発着地の名物を多く取り揃えている。

SHIP DATA

船名:はまゆう
総トン数:15,515トン
全長全幅:222.5／25メートル
旅客定員:268名
車両搭載数:大型154台／乗用車30台
就航:2021年7月
問い合わせ:東京九州フェリー
TEL:03-5860-9488
https://tqf.co.jp/

Deck Plan

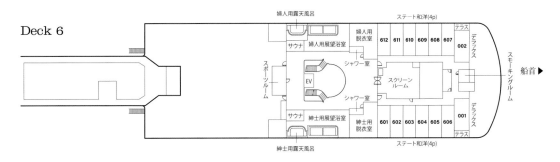

Deck 6

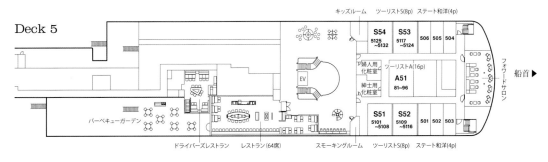

Deck 5

Deck 4　バリアフリー対応施設

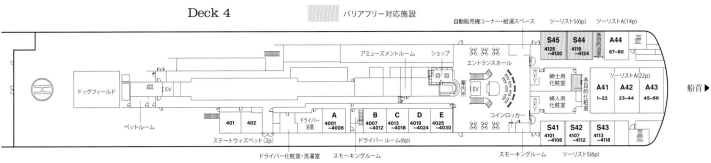

岩国（錦帯橋）

山口県岩国市にある5連のアーチが美しい国内屈指の木造橋で、日本三名橋にも数えられる。1673年、両岸に広がる城下町をつなぐ橋として、岩国藩主・吉川氏によって建造、伝統工法による木組みが見どころ。新門司から車で2時間程度。

撮影・本浪隆弘

福岡県直方市出身。都内制作会社写真部を経て独立。主に雑誌、広告媒体にて活動中。APAアワード2009 写真作品部門 金丸重嶺賞。
http://takahiromotonami.com

フェリーの船内は広いのですか？

文=島津奈美
text by Nami Shimazu

写真=丹治たく
photo by Taku Tanji

3層吹き抜けのエントランスホールなど
のパブリックルームはもちろん、フェリー
には多彩に楽しめる空間がある。

国内フェリー最大級の客室は52㎡。

近年のフェリーは個室の進化が著しく、
太平洋フェリーの「いしかり」のロイヤル
スイートは国内フェリーで最大級だ。

1_船首に位置するスイートルームは定員3名、バス、シャワートイレ付き。 2_船内のプロムナードでは、インテリアテーマに合わせた装飾が旅心を誘う。 3_ロイヤルスイートのバスルームは、壁のタイルなど細部にもこだわりが。 4_3名定員のセミスイートルームは、バス、シャワートイレ付き。

クルージングフェリーのスイート客室

Ishikari
Taiheiyo Ferry

いしかり｜太平洋フェリー

名古屋〜仙台〜苫小牧を2泊3日で結ぶ太平洋フェリー。エーゲ海をテーマにしたインテリアの「いしかり」は、和洋中と品数豊富なレストランや展望抜群の大浴場などクルーズライフも充実、根強いファンが多いフェリーだ。

身近で親しみやすい存在の長距離フェリーだが、スイート客室のスペックに注目してみると、各社それぞれ違いがあって乗り比べてみたくなる。太平洋フェリーの上級客室で注目したいのはまず「広さ」だ。いしかりの最上級スイートは約52㎡と国内最大級。リビングルームと、別室にツインのベッドルーム、バスタブ付きのバスルーム、トイレ、ドレッサールームまである。ロイヤルスイートは実は船首方向に位置しており、夜間はカーテンを閉めておく必要があるが、朝起きてカーテンを開けると、船首からの景色が広がっている。バスルームの窓からも見えるのは船首方向。操舵室と同じ進行方向の景色を見ながらのバスタイムという、ほかでは味わえない過ごし方もできるのだ。アメニティにはバスローブやコーヒーセットなども用意されている。

同社船3姉妹のうちの1隻「いしかり」は、「エーゲ海の輝き」をイメージしたデザインがコンセプトで、白を基調にした船内にこだわりの調度品が飾られ、船旅気分を盛り上げてくれる。夕食では30品目以上のメニューが提供されるメインダイニング「サントリーニ」のバイキングの食事は通常別料金だが、セミスイート以上については食事券が渡されるので食事料金込みとなる。また、「クルーズフェリー」のコンセプト通りに、優雅な気分で船内ライフを楽しめるのも太平洋フェリーの魅力。シアターラウンジ「ミコノス」では多様なジャンルのナイトショーが、日中はピアノラウンジでミニコンサートなども行われる（感染症対策により一時停止中。映画上映は実施）。就航する東北、北海道は楽しみの多い旅先。コンパクトな日程でクルーズ気分を味わいたい人にもおすすめだ。

デッキからの夕日や朝日、航路によっては姉妹船などのすれ違い、夜の星空など、航行中に見る風景は忘れがたい思い出になる。

「いしかり」のロイヤルスイートは1室限定。名古屋から苫小牧まで片道乗船すると2泊3日だが、長く滞在したくなる空間。

大型スクリーンでの上映などが行われる
シアターラウンジ。クルーズ中の楽しみを
提供。

映画上映などの
船内イベントも多彩

1_ギリシャ神話を思わせるインテリ
アがユニークな展望浴室。 2_水
平線に昇る朝日をデッキからゆっく
り眺める。 3_広々としたプロムナー
ドは爽やかなインテリアで、眺望を
ゆったり楽しむのに最適。 4_約
30品提供されるという人気の夕食
バイキングの例。ステーキも人気が
あるという。朝食もバイキング形式。

1_白を基調に青をアクセントにしたエントランスホールは、「いしかり」の象徴的空間。 2_軽食、コーヒー、ビールなどが提供されるヨットクラブ。メニューはカレーライスが人気。 3_感染症対策としてパーテーションも設けられているインフォメーション。 4_子ども連れに便利なキッズスペース（予約制）。

Check! Amenities

客室のアメニティ＆備品

一等客室以上のアメニティ＆備品の一例。基本的なものはそろっており、手ぶらで乗船も可能。

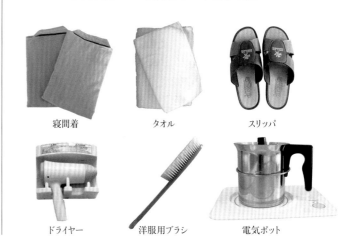

寝間着　　タオル　　スリッパ

ドライヤー　　洋服用ブラシ　　電気ポット

Must-buy souvenirs

おすすめのお土産

太平洋フェリー
オリジナル焼酎
（芋／麦）

イラストレーター柳原良平氏のイラスト入り。芋1,600円／麦1,400円。

太平洋フェリー
オリジナルワイン
（フルボトル）

船体写真の入ったオリジナルワイン。赤、白がある。各1,600円。

Deck Plan

Deck 7

Deck 6

Deck 5

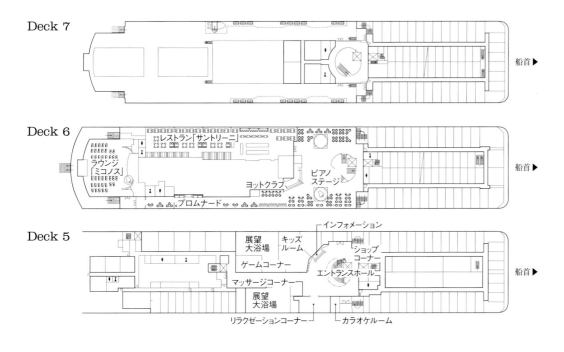

船首▶

船首▶

船首▶

レストラン「サントリーニ」
ラウンジ「ミコノス」
ヨットクラブ
ピアノステージ
プロムナード

インフォメーション
展望大浴場
キッズルーム
ゲームコーナー
ショップコーナー
マッサージコーナー
エントランスホール
展望大浴場
リラクゼーションコーナー
カラオケルーム

SHIP DATA

船名：いしかり
総トン数：15,762トン
全長全幅：199.9／27メートル
旅客定員：777名
車両搭載数：184台／乗用車100台
就航：2011年3月
問い合わせ：太平洋フェリー
TEL：052-582-8611
https://www.taiheiyo-ferry.co.jp/

Funatabi Graphics 2

釜石
（日本製鉄東日本製鉄所）

150年以上前から今に続く鉄づくりの歴史を持つ釜石。1857年、南部藩士大島高任（たかとう）により日本で初めて高炉法での出銑に成功した近代鉄産業発祥の地である。仙台から車で2時間30分程度。

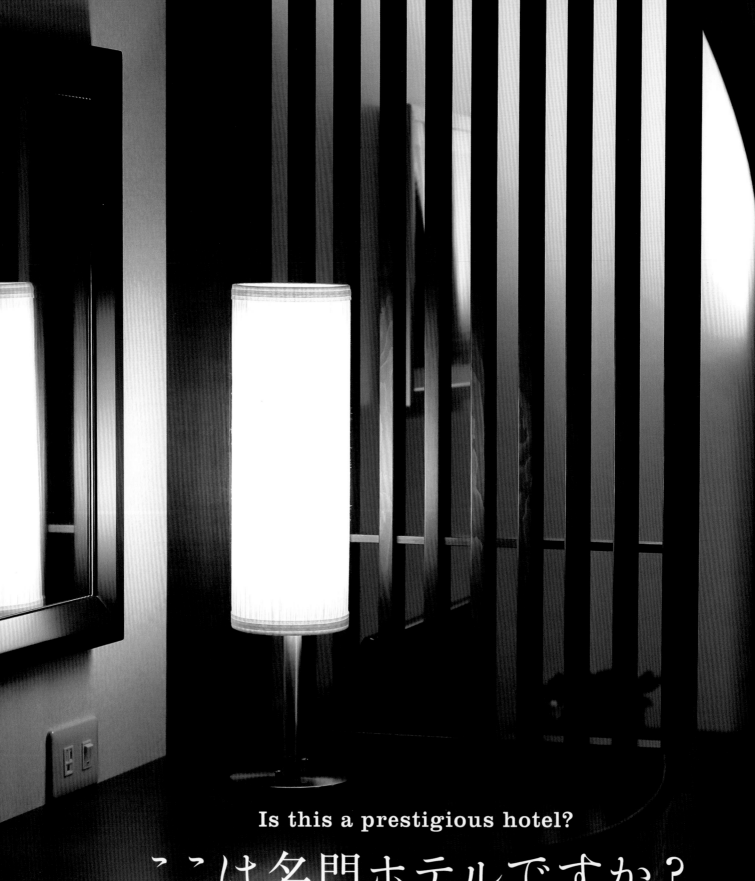

Is this a prestigious hotel?

ここは名門ホテルですか？

充実したアメニティに、インテリアもスタイ
リッシュ。心地よいステイが約束された
客室、どこのホテルだろうか？

写真—丹治たく
photo by Taku Tanji

ここは、瀬戸内海を走るフェリーのスイート。約12時間30分ステイしながら、大阪から新門司へと海を走る。

It's a suite on the cruise ferry.

クルーズフェリーのスイートです。

ここは、瀬戸内海を走るフェリーのスイート。約12時間30分ステイしながら、大阪から新門司へと海を走る。

1_屋外に出られるデッキがあり、ここから通過する大橋や夜景を眺めることができる。 2_船内の展望浴室で入浴したら、備え付けの浴衣に着替えて、くつろごう。 3_瀬戸内海の景色を楽しめる船内の椅子。夕景も夜景も楽しみ。

多彩な客室で楽しむ
瀬戸内海ルート

Ferry KitakyusyuII
Meimon Taiyo Ferry

フェリーきたきゅうしゅうII｜名門大洋フェリー

瀬戸内海を航行するフェリーの一つ、
大阪〜新門司を結ぶ、名門大洋フェリー。
出発時間によって夕景や大橋のイルミネーションなど
船上からの景色が楽しみなフェリーだ。

瀬戸内海を航行する名門大洋フェリーの楽しみは、明石海峡大橋、瀬戸大橋、来島海峡大橋の3つの大橋をフェリー船上から眺められることだ。通過間近になると船内放送でもテレビのモニターでも案内されるので、時間が近づいたらデッキに出てみよう。大阪発1便目なら、17時に出港後、18時10分に明石海峡大橋を通過する予定。瀬戸大橋は21時35分、来島海峡大橋は23時50分と、大阪発であれば起きている時間帯に三大架橋の眺めをチェックできる。大阪発2便目では季節ごとにライトアップの色が変わる明石海峡大橋のイルミネーションを楽しみたい。船尾と両サイドに屋外へ出られるデッキがあるので、大橋や両岸の夜景を眺められる。瀬戸内海と島々が織り成す夕景もぜひ堪能を。クルーズ風景が見られる夕方や早朝に、展望浴室で過ごす

のも贅沢な過ごし方だ。さて、最近のフェリーに乗るときの楽しみの一つは「客室選び」。この名門大洋フェリーも多様な客室カテゴリーが魅力だ。「フェリーきたきゅうしゅうII」を例にすれば、最上級クラスは、スイートの和洋室と洋室。どちらのタイプもシックな色使いで落ち着ける空間だ。26㎡の和洋室はツインベッドのスペースに畳敷きの和室が付く。ツインベッドは2×1.2mと十分な広さ。デラックスクラス以上は浴衣のほか、アメニティセットや、カップコーヒーや茶器セットも客室に備わっており快適。優雅な船旅気分を味わえるだろう。パブリックスペースに出てみると、エントランスホール付近は黒と白を基調としたスタイリッシュな空間。ホールから7階に続く階段には、発着地から近い門司港レトロの夜景のモノクロ写真が飾られ、目的地への旅の気分を高めてくれる。

最上階となる8デッキに2部屋用意される
スイート（特別室）。こちらはツインベッ
ドの他に畳スペースがあるユニークなデ
ザインが人気の和洋室タイプ。

もう一つのスイートはモダンなインテリア
が映えるデザイン。ツインベッドに加え、
奥のソファベッドに使い、ゆったりと3名
での船旅も楽しめる。

夕方出港の1便目なら、夕景もゆっくり眺められる。窓側を向いて椅子が並ぶプロムナードはクルーズ中の風景を見られる特等席。

名物グルメも味わえる
船内レストラン

1_展望浴室のほか、乗船から入港10分前まで使えるシャワールームもある。2_レストランでは夕食・朝食それぞれの時間帯にメニューを変えてバイキングを実施。3_夕食では、豊富な品数のメニューに加えてご当地グルメの門司港焼きカレーも提供される。4_グループ旅行や子ども連れにも好評な和室のファーストJ（和室）は、4名定員。

客室のアメニティ&備品

デラックス、スイートクラスはバスタブ付きでアメニティも豊富。
浴衣&展望浴室で温泉旅行気分も味わって。

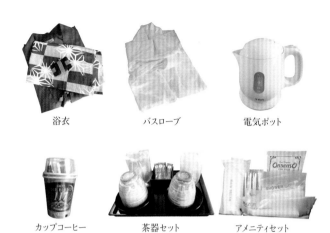

浴衣　　バスローブ　　電気ポット

カップコーヒー　　茶器セット　　アメニティセット

1_エントランスホールは、モノトーンを基調にしたモダンな印象。2_子ども連れに便利なキッズルーム。エントランスホールに近い（感染症対策のため一時閉館中）。3_船内に EV 充電器を備えており、現地のドライブ旅行も安心して楽しめる。4_門司港レトロのフォトアートが飾られた階段スペース。各所に飾られたアートも印象的。

Must-buy souvenirs

おすすめのお土産

オリジナルメモ帳
かわいらしいフェリーの絵柄が入ったオリジナルメモ帳。各150円。

船型オリジナル焼酎（芋）
美濃焼の船型陶器に入った焼酎「さつま島美人」は25度。2,350円。

Deck Plan

Deck 8

展望デッキ

船首▶

Deck 7

展望デッキ

展望ラウンジ　　自販機コーナー　展望浴室（女）

船首▶

Deck 6

案内所
ゲームコーナー
エントランスホール
売店
コインロッカー　キッズルーム　パウダールーム　展望浴室（男）
授乳室
展望レストラン

船首▶

SHIP DATA

船名：フェリーきたきゅうしゅうⅡ
総トン数：14,920ン
全長全幅：183／27メートル
旅客定員：713名
車両搭載数：大型146台／乗用車105台
就航：2015年11月
問い合わせ：名門大洋フェリー
TEL：050-3784-9680
https://www.cityline.co.jp

Funatabi Graphics **3**

門司
（ブルーウィングもじ）

門司港レトロの歩行者専用跳ね橋は、
全長約108mで日本最大級といわれ、1
日6回、水面に対し60度の角度に跳ね
上がる。橋が閉じて最初に渡ったカップ
ルは一生結ばれると言われる「恋人の聖
地」を燃えるような夕日が包む。新門司か
ら車で約20分。

Which ferry has a unique interior?

インテリアが特徴的なフェリーは？

近年のフェリーはどれも内装に工夫が
凝らされている。2層吹き抜けになったプ
ロムナードは明るい開放感を演出。

写真=丹治たく
photo by Taku Tanji

Enjoy the elaborate design of the space.

意匠を凝らした空間を楽しんで。

デザイナーによって計算し尽くされたインテリア。お気に入りのデザインを見つけられたら、船旅気分もアップするだろう。

快適と洗練を兼ね備えた空間を楽しむ

Sunflower Sapporo

Shosen Mitsui Ferry

さんふらわあさっぽろ｜商船三井フェリー

関東から北海道への船旅ルートとして活用できる
大洗～苫小牧を結ぶ商船三井フェリー。
ペットと泊まれる客室やドッグランなどがあり、
上質な船内インテリアも注目のフェリーだ。

創立20周年の節目を、2021年7月に迎えた商船三井フェリー。船内に入ると「これがフェリーの客室?」と思わず声を上げたくなる。カーペット、調度品の細部までこだわった船内インテリアは、写真で切り取ってみても、優雅な魅力にあふれている。客室や船内の随所で丸窓がアクセントになっているのは、どこかで見た覚えが…そう、船内の意匠デザインは、同じ商船三井グループの客船である「にっぽん丸」(商船三井客船)の大改装を手掛けたフラックス・デザインの渡辺友之氏が監修しているのだ。2層吹き抜けのプロムナードも開放感抜群で海を目の前にしながらくつろげる。乗客定員の約半分が個室で、プライベートスペースが従来のフェリーより増加。大洗～苫小牧、約17時間45分のクルーズを楽しむ工夫が随所に施されている。

最近増加の一途をたどるペット愛好家にとってもうれしい商船三井のフェリーでは、飼い主とペットが一緒に寝られる「ウィズペットルーム」を完備。ペット同伴で優雅なクルーズが楽しめるようになった。愛犬と過ごせる客室にはペットシートやクリーナー、水と食事用のお皿なども完備。走り回ったりトイレもできるドッグランもある。船内では愛犬がパブリックスペースを歩くのは禁止だが、船内専用カートの貸し出しを無料で実施している。タイヤ付きのカートにペットを入れて、エレベーターを使って楽に客室に移動できる。

この「さんふらわあさっぽろ」が就航したときには、ペットを船に同伴したい方の問い合わせや予約が急増したという。ペットと一緒に北海道に、そんな夢もかなうフェリーだ。

1_プレミアムバリアフリーの客室もある。ベッドは電動式で、浴室もバリアフリー対応。 2_フェリーに持ち込みの車両～客室～ドッグランを移動する際は、ペットカートを利用。 3_船体後部にあるオレンジの煙突は、さんふらわあシリーズのシンボルだ。

バルコニーやバスタブ付きの浴室などが
付く最上級クラスのスイートは、リビング
スペースとベッドスペースに分かれている。

ペットと一緒に滞在でき、ペット用グッズ
も完備した「ウィズペットルーム」は、全5
室ある。床も防水・防臭タイプで安心だ。

展望デッキからはダイナミックなパノラマが広がる。入出港の風景をはじめ、夕日や朝日、航海中の景色など時間を変えて楽しもう。

デッキでも船内でも
大海原を感じる

1_展望浴場。 2_自由に座れる椅子が多いのもこのフェリーの特徴。3_野菜も豊富でヘルシーな朝食バイキングは、海に面した座席でいただこう。4_夕食はバイキング型式で、肉類や魚類、野菜、デザートなど種類豊富。

1_丸窓からの海の眺めが旅情を誘う。 2_自由にくつろげる空間が多く、ゆったり過ごせる船内。 3_カラフルで楽しい雰囲気のキッズランド。ガラス張りで外から遊ぶ様子が見えるので親も安心。 4_ここでしか買えないオリジナルグッズや、北海道、茨城の名産や土産がそろうショップ。

客室のアメニティ&備品

寝間着、バスタオル、電気ポットやお茶セットのほか、浴場へも持参できるアメニティセットも完備し、快適な船旅ができる。

寝間着

バスタオル

スリッパ

フェイス
&ハンドソープ

お茶セット

電気ポット

Must-buy souvenirs

おすすめのお土産

ポケットティッシュ
ホルダー

説明の通りに組み立てれば、船形のティッシュホルダーに。

ドライキーマカレー

船内で販売されるメニューをさんふらわあの調理長が監修。

Deck Plan

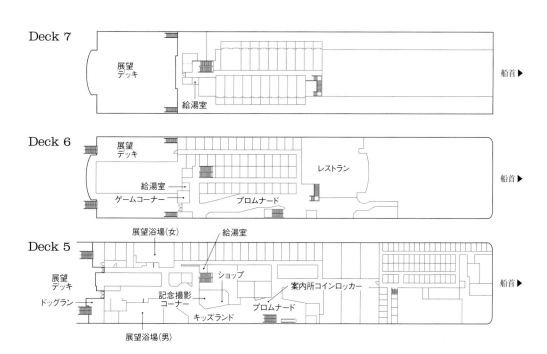

Deck 7
展望デッキ／給湯室／船首▶

Deck 6
展望デッキ／給湯室／ゲームコーナー／プロムナード／レストラン／船首▶

Deck 5
展望浴場(女)／給湯室／展望デッキ／ドッグラン／記念撮影コーナー／キッズランド／ショップ／プロムナード／案内所コインロッカー／展望浴場(男)／船首▶

SHIP DATA

船名：さんふらわあさっぽろ
総トン数：13,816トン
全長全幅：199.7／27.20メートル
旅客定員：590名
車両搭載数：大型154台／乗用車146台
就航：2017年10月
問い合わせ：商船三井フェリー
TEL：0120-489850
https://www.sunflower.co.jp

Funatabi Graphics 4

ぬかびら源泉郷
タウシュベツ川橋梁

糠平湖（ぬかびら湖）の中にある鉄道橋、
タウシュベツ川橋梁は、季節によってダ
ム湖の底から姿を現す幻の橋梁といわ
れている。周囲にある無数の切り株は、
ダム湖になる前に切られたものだ。苫小
牧から車で3時間50分程度。

移りゆく日本海を
露天風呂から眺める

Azarea
Shinnihonkai Ferry

あざれあ｜新日本海フェリー

新潟〜小樽を結ぶ、新日本海フェリーの「あざれあ」。
季節感あふれるメニューを予約制で用意するレストランや
露天風呂付きの大浴場、ペット対応客室やドッグランなど、
進化系フェリーの船旅を期待できるだろう。

1_船の進む先の景色が眺められる、5
階前方フォワードサロンからの景色。
2_上級客室のデラックス（洋室）の窓か
ら眺める日本海。バルコニー付きで、ソフ
ァとベッドのスペースが分かれている。

写真＝丹治たく
photo by Taku Tanji

窓から景色が見える展望浴場はほとんどの
長距離フェリーに備わっているが、露天風
呂があるフェリーの一つが新日本海フェリ
ーの「あざれあ」。夕日や朝日、夜の星空を楽しみな
がら露天風呂でのひとときを過ごしたい。

新日本海フェリーの特徴の一つは、季節感のある自
慢の料理が供される事前予約レストラン「グリル」を4
〜10月に開いている点。2021年秋のメニューを見る
と、新潟発ではディナーは洋食フルコースで、メインは
「近海の真鯛と帆立のポワレ」「北海道産牛フィレ肉に
ステーキ」を予定。ランチはきのこ釜めしなどの「秋
の籠御膳」。小樽発のディナーは「秋の装い」と題し
た和食の懐石メニュー。発着地の素材を使った贅沢
なメニューが魅力的だ。スイートに宿泊した場合は、
グリルの食事付きとなる。カジュアルなスタイルをお
好みの方には、セットや単品メニューを提供する、予
約不要のレストランもある。また、愛犬家にうれしい
屋外のドッグフィールドも設置。緊急時にヘリポート
になるスペースを活用し、4〜10月のみ開設される。
ペットと泊まれる客室も2室限定で用意。食事にこだ
わりたい、ペットと旅したい……多様化するゲストのニ
ーズに応えるフェリーだ。

露天風呂から眺める大海原の景色。朝、
昼、夜と時間帯を変えて入ってみたい。

日本海の船上で
きらめく時間を

1_3層吹き抜けのエントランスホールでは、コンサートが行われることも。 2_窓からの景色も楽しめる大浴場。朝日や夕日の時間帯に訪れたい。 3_最上クラスのスイートは、グリルでの食事が料金に含まれている。

4_最大定員3名のデラックス(和室)には専用テラスやバス・トイレが付く。 5_レストラン「グリル」の小樽発の2021年秋のディナーメニュー。 6_スイートのプライベートバルコニーでゆったり過ごしたい。

客室のアメニティ&備品

浴衣、フェイスタオル&バスタオル、歯ブラシ、石けんなど基本的なアメニティやお茶セットなどを上級客室に用意。

浴衣

フェイスタオル&バスタオル

スリッパ

ドライヤー

お茶セット

電気ポット

1_特別に訪れた操舵室にて。船乗りの視線の向こうは日本海。 2_こだわりのコース料理を予約制で提供する「グリル」。 3_航行中の景色を眺められる屋外デッキのスペースも多い。 4_洋上でペットと散歩が楽しめる広いドッグフィールド。ペットルームから屋外通路を通って移動できる。

おすすめのお土産

バタークッキー

北海道ならではのバターたっぷりのオリジナル菓子。600円。

バター飴

小樽の老舗菓子店が製造したオリジナルのバター飴。600円。

Deck Plan

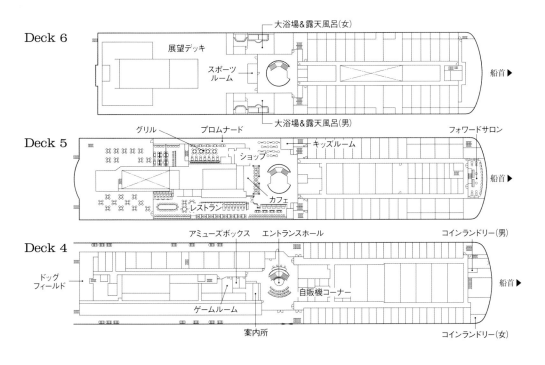

Deck 6

展望デッキ
スポーツルーム
大浴場&露天風呂（女）
大浴場&露天風呂（男）
船首▶

Deck 5

グリル
プロムナード
ショップ
キッズルーム
フォワードサロン
レストラン
カフェ
船首▶

Deck 4

アミューズボックス
エントランスホール
コインランドリー（男）
ドッグフィールド
ゲームルーム
自販機コーナー
案内所
コインランドリー（女）
船首▶

SHIP DATA

船名：あざれあ
総トン数：14,214トン
全長全幅：197.5／26.60メートル
旅客定員：600名
車両搭載数：大型150台／乗用車22台
就航：2017年6月
問い合わせ：新日本海フェリー
TEL：06-6345-2921
https://www.snf.jp

施設と景色を堪能する
新型フェリー

Sunflower Satsuma
Ferry Sunflower

さんふらわあ さつま｜フェリーさんふらわあ

関西から九州へ、大阪〜志布志の航路を結ぶ、
フェリーさんふらわあの「さんふらわあさつま」。
プロジェクションマッピングが行われる3層吹き抜けのアトリウムや
丸窓が並ぶプロムナードなど、新型フェリーの魅力を詰め込んだその船内とは？

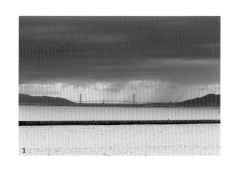

1_デッキからもクルーズ中の景色を満喫できる。2_豪華客船をイメージしたという窓が並ぶプロムナード。夕景もいつもと違って見える気がする。

写真=丹治たく
photo by Taku Tanji

2018年にデビューした「さんふらわあさつま」の船名の由来は南九州を代表する地名"薩摩"で、旧船の船名をそのまま引き継いでいる。国内フェリー初のプロジェクションマッピングを導入した船でもあり、3層吹き抜けのアトリウムで、日本の四季や自然などを映像と音楽で楽しむショーが毎日行われ、船内での時間に彩りを与えている。

船内を巡ってみると、大きな丸窓が並んだプロムナードも印象的。ゆったりとくつろげるソファやテーブルが置かれ、移り変わる海の表情を眺められるスポットとなっている。色味を抑えた内装は居心地よく、スタイリッシュな印象だ。展望風呂は旧さつまに比べると1.7倍の広さになり、より快適なバスタイムを楽しめるようになった。豊富な品数のメニューを提供するバイキング形式のレストランもある。新時代のフェリーらしくスーペリア以上のすべての個室がシャワー、トイレ付き。全10室のスイートはバルコニーやバスタブを備えている。ウィズペットルームやドッグランなどペット向け施設も充実。太平洋上の満天の星空を専門の講師と学べる星空教室などのイベントが実施されることもあるそうだ。南国に向かうフェリーで眺める星空、きっと忘れられない船旅ができるだろう。

このフェリーの象徴でもある3層吹き抜けのアトリウムでは、華やかなプロジェクションマッピングが行われる。

定員4名のデラックス（和室）は、シャワー、トイレ、洗面台付き。日本のフェリーならではの和の空間を楽しもう。

丸窓のモチーフを生かした空間

1_華美すぎず、柔らかな色合いのカーペットは船内を明るく演出。2_毎夜行われるプロジェクションマッピングショー。3_優雅な気分で過ごせるプロムナードでちょっと一息。4_船内のあらゆるところに、ひと休みできる椅子が置いてあるのがうれしい。

1_海側の窓が大きく、海を眺めやすい展望風呂。女性用のパウダールームも充実。 2_屋外デッキスペースもゆったりとしており、南への船旅を満喫できる。 3_7階最後尾にあるドッグランには水飲み場なども完備。 4_乗船記念のオリジナルスタンプを用意。また、御船印プロジェクトに参加中。

Check! Amenities
客室のアメニティ＆備品

上級客室では専用アメニティ、お茶セット、寝間着などを用意している。タオルはさんふらわあのロゴ入り。

寝間着

スーペリアタイプ以上専用アメニティ

スリッパ

お茶セット

電気ポット

お茶請け菓子

Must-buy souvenirs
おすすめのお土産

ワイヤークリップ
船体を土台にしたメモなどを挟んでおけるクリップ。360円。

マグカップ
2021年7月発売の新商品。1,000円。

Deck Plan

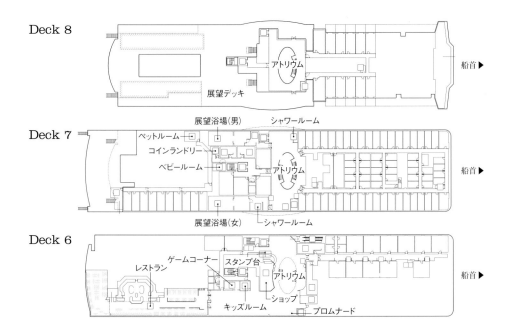

Deck 8
アトリウム
展望デッキ
船首▶

Deck 7
展望浴場(男)　シャワールーム
ペットルーム
コインランドリー
ベビールーム
アトリウム
船首▶
展望浴場(女)　シャワールーム

Deck 6
ゲームコーナー
スタンプ台
レストラン
アトリウム
船首▶
ショップ
キッズルーム
プロムナード

SHIP DATA

船名：さんふらわあきつま
総トン数：13,659トン
全長全幅：192／27メートル
旅客定員：709名
車両搭載数：大型154台／乗用車146台
就航：2018年5月
問い合わせ：フェリーさんふらわあ
TEL：0120-56-3268
https://www.ferry-sunflower.co.jp

瀬戸内海の眺めを座って楽しむことができる展望ルーム。

絶景を楽しむフェリー
Yamato
Hankyu Ferry

やまと｜阪九フェリー

2020年6月に就航した「やまと」は、
瀬戸内海を走る神戸〜新門司を結ぶ
阪九フェリーの16,292トンフェリー。

姉妹船の「せっつ」とともに「星空と海をのぞむ癒やし旅」がテーマのフェリー。阪九フェリーの新型フェリーは上階に眺望を楽しめる広い空間を確保している。展望ルームや展望ロビー、大浴場などから海をゆっくり眺められる。上級客室の広々としたロイヤルスイートにはバス、トイレを完備。レストランはバイキングではなく、多種類のメニューから選ぶ型式となっている。エントランスは3層吹き抜けのゆったりとした空間。瀬戸内海のライトアップされた大橋や夜景、星空を眺められる露天風呂をはじめ、絶景堪能スポットが用意されたフェリーだ。

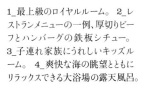

1_最上級のロイヤルルーム。 2_レストランメニューの一例、厚切りビーフとハンバーグの鉄板シチュー。3_子連れ家族にうれしいキッズルーム。 4_爽快な海の眺望とともにリラックスできる大浴場の露天風呂。

SHIP DATA

船名：やまと
総トン数：16,292トン
全長／全幅：195／29.6メートル
旅客定員：663名
車両搭載数：大型277台／乗用車188台
就航：2020年6月
問い合わせ：阪九フェリー
TEL：078-857-1211（神戸乗り場）
https://www.han9f.co.jp

with Pet
愛犬と一緒にクルーズを

photo by Taku Tanji

1

ペットと船旅がしたい人に最適なのが、ペット施設を備えた国内フェリーだ。ペットと滞在できる客室のあるフェリーの場合は、マイカーでフェリーに乗船し、そのままペットと客室に移動。ずっとペットと一緒にいられる旅が可能だ。今回本誌で紹介したフェリーは全てペット乗船可能だがペット関連施設の詳細は異なるので、右下の表をチェックしてほしい。ウィズペットの客室がないフェリー会社でもケージを備えたペットルームを用意している会社もある。フェリー会社によっては船によって設備が異なる場合もあるので、乗船を考える際には再度チェックを。

1_新日本海フェリーの広々としたドッグフィールド。2_フェリーさんふらわあのウィズペットルーム。3_新日本海フェリーのウィズペットルーム。4_ペットを乗せるペットカートを貸し出す会社も多い。5_ケージを備えたペットルーム（フェリーさんふらわあ）。

2

3

4

5

	ドッグラン	ペットカート	withペットルーム	ペットルーム
九州急行フェリー	◎	–	◎	◎
商船三井フェリー	◎	◎	◎	◎
新日本海フェリー	◎	–	◎	◎
阪九フェリー	–	–	◎	◎
フェリーさんふらわあ	◎	◎	◎	◎
太平洋フェリー	△	–	–	△
名門大洋フェリー	–	–	–	–

※サービス内容が変更になる場合がございます。ご利用時は事前に確認を。

Gosenin Project
御船印プロジェクト

全国のフェリーで各船の「御船印（ごせんいん）」を発行する「御船印巡りプロジェクト」が2021年4月から始まっている。神社仏閣での御朱印集めの船バージョンとして、全国の船会社が船や航路ごとにプリント版、スタンプ版、手書きなどの印を発行し、船内や港などで販売している。また、多くのフェリーに乗船する上級者向けに「御船印マスター制度」を設け、定められた数の御船印を集めると「一等航海士」や「船長」などの認定証を希望者に発行（有料）。

1_各フェリーの御船印を集めるための公式の「船印帳」。2_御船印マスターに認定されると認定証が授与される。 3_船内でも販売される御船印の例。
御船印プロジェクト　　https://gosen-in.jp

1

2

3

To Stay Healthy
感染症対策で安心な旅

各フェリー会社では、乗船前の健康状態の確認、レストランや案内所での飛沫感染防止シートを設置、定員の多い客室や相部屋の感覚をあけて配置するなど、新型コロナウイルスへの対策を行っている。例えば、太平洋フェリーでは、船の空調設備に特定のウイルスを2時間で99.995%低減化させる効果がある「抗菌・抗ウイルスフィルター」を導入。バイキングでの料理を取る際には、マスク・使い捨て手袋の着用が要請されている。

乗船者への分かりやすい表示、レストランでの飛沫防止シートや消毒など、各社で対策を行っている。マスクケースを無料で配布（太平洋フェリー）。

クルーズライターの
上田寿美子さんも
現地を視察！

日本の新しい
クルーズターミナル

日本国内でクルーズターミナルの改装や新設が増えている。大型客船の入港に対応し、その土地ならではの文化的要素を加えるなど、個性のある施設が増えてきたのも興味深い。今回は、クルーズライターの上田寿美子さんが実際に金沢や舞鶴の新しいクルーズターミナルを視察リポート。

Catch up!
New
Cruise
Terminal
in Japan

1_青い海に向かって立つ白い金沢港クルーズターミナル。屋根は日本海の白波をイメージ。 2_まなび体験ルームで操船シミュレーター。金沢港に客船を着ける模擬体験に挑戦！ 3_岸壁にミニ兼六園が出現。足が二股のことじ灯籠も。

01

Catch up! New Cruise Terminal in Japan

金沢の文化に出会い、人と海を結ぶターミナル

Kanazawa

金沢港クルーズターミナル

文=上田寿美子
text by Sumiko Ueda

写真=上田英夫
photo by Hideo Ueda

こ れまで、国内外200以上の港を利用しましたが「これほど人々の憩いの場となっているクルーズターミナルがあっただろうか？」と思わせられたのが、2020年6月にオープンした金沢港クルーズターミナルでした。客船上から見ても美しい、3階建てでガラスを多用したモダンなデザインは、日本海に現れた白亜の殿堂のよう。1階の待合エリアには、九谷焼、加賀友禅など、石川県を代表する伝統工芸のシンボルモニュメントがそびえ、金沢港の訪問客に素敵な第一印象を与えてくれます。国際ターミナルとしての利便性も図り、多言語対応マップのディスプレイや自動外貨両替機も完備していました。

2階には、金沢の人気レストラン・メープルハウスが

運営する「海の食堂BAY ARCE」。眺望の素晴らしさと、北陸らしいメニューや可愛いデザートが人気です。出発日は、これから乗る船を目の当たりに、ランチを楽しめば、旅情は一層盛り上がるでしょう。ただし、行列ができるほどの人気店なので、予約がおすすめです。

　疑似体験シアター、クイズコーナーなどを設置し、金沢港の知識や海事に親しめる「金沢港まなび体験ルーム」も完成しました。子供たちも客船に接する良い機会。クルーズの夢を未来へとつないでいきます。2872㎡もある展望デッキは、屋根付きで、雨の日の客船の見送り、出迎えの際にも強みを発揮します。広さを生かし、地元の人の結婚式や保育園の運動会が開かれたほど。夜は加賀五彩に輝くライトアップ鑑賞の特等席にもなるそうです。

　このように、人とクルーズを優しく結びつける金沢港クルーズターミナルにぜひお出かけください。

Sumiko's Point

石川の伝統工芸に迎えられ、お洒落なシーサイドレストランで海景色とともにグルメ体験。金沢港を学びながらクイズに挑戦し、夜は加賀五彩のライトアップに夢心地。世界でも珍しい地元一体型のクルーズターミナル誕生！

4_ガラスを多用した明るさと眺望が自慢。石川県民の憩いの場として人気上昇中。 5_海の食堂「BAY ARCE」で、船を見ながら洒落た料理に舌鼓。 6_石川県の有名な伝統工芸のシンボルモニュメント。輪島塗作家・前史雄氏作「煌き」。 7_ターミナル完成後、初めて入港した客船は4月2日の飛鳥Ⅱ。それ以降も飛鳥Ⅱは複数回寄港。 8_優雅なミス加賀友禅や加賀友禅大使の華やかな出迎え。 9_雨天にも強い屋根付き展望デッキ。見送りは「The日本海＆北國新聞」のよさこいソーランと「ザ・はた」の大旗振り。

金沢港から
日本の美を巡る

Sumiko's Point

加賀百万石の歴史を宿す金沢城公園や兼六園。輝きを放つ金箔細工。粋な風情を残すひがし茶屋街。そして、山海の珍味に、洗練された和菓子。四季折々に美しい金沢は、クルーズの前後にも立ち寄りたい素敵な観光地です。

金沢は、江戸時代より北前船が来航した海の玄関口。その北前船をかたどった「大野からくり記念館」には、幕末の科学技術者・大野弁吉の摩訶不思議なからくりの世界が待っています。「茶運び人形」など科学と合体した人形の面白さ。加えてこの記念館はクルーズ船の入出航シーンを眺めるビューポイントでもあるのです。

港のそばの大野地区は古くからの醤油の生産地。それに、とれたての海の幸、加賀野菜、料理人の技術などが交わる金沢は日本を代表する味覚処と言えるでしょう。老舗の「宝生寿し」で食べた、新鮮な刺し身や寿司は格別な美味しさでした。

加賀百万石の歴史を伝える金沢城公園では、2020年に、鼠多門と鼠多門橋が復元されました。海

1_豪華な観光列車「花嫁のれん」。金沢駅から花嫁のれんをくぐり、能登観光に出発！ 2_「大野からくり記念館」の館長・佐藤文夫氏の解説でからくり人形の原理を学ぶ。 3_旬の地魚を大野の醤油で食べれば美味しさもひときわ。 4_港からも近い宝生寿しは、新鮮な刺し身や握り寿司が好評。古民家を再生した建物も趣深い。 5_可愛く、精巧な動きのからくり人形。子供から大人まで楽しめるからくり記念館。

6

7

8

9

10

鼠壁の目地に黒漆喰を用いた重厚感のある門は、金沢城の新名所です。

　金沢21世紀美術館、国立工芸館、石川県立美術館等々、金沢はたくさんの美術館を有する文化都市。その中で約350年の伝統を持つ大樋焼にスポットを当てた「大樋美術館」は、落ち着いた雰囲気の中、歴代大樋長左衛門の作品を見ることができます。隣接する隈研吾氏設計の「大樋ギャラリー」に寄り、名茶碗で抹茶と和菓子をいただくのも至福のひと時。昨年は、母への誕生日祝いに大樋陶冶斎氏（十代長左衛門）の湯飲みを買い求めました。

　金沢駅は能登観光への起点駅。絢爛な「花嫁のれん列車」で七尾に行き、「花嫁のれん館」で白無垢に身を包み、花嫁のれんをくぐったことも忘れられない思い出です。歴史、伝統工芸、味覚、体験と何拍子もそろった金沢は、横綱格の観光地と言えるでしょう。

6_金沢城公園の西側に約140年ぶりに復元された鼠多門と鼠多門橋。7_大扉の上に櫓を設けた櫓門形式の鼠多門。櫓の内部も当時の工法を用いて復元 8_約350年の歴史を持ち、加賀の茶道普及に貢献した大樋焼き。ギャラリーにはショップもある。9_文化勲章受章・文化功労者の十代大樋長左衛門氏（大樋陶冶斎）と。10_大樋美術館は個人美術館としては例のないミシュランガイドの1つ星に認定。 11_満開の桜がよく似合う金沢城・石川門。息をのむほどの絶景。

1_舞鶴鎮守府初代司令長官・東郷平八郎が明治34年から約2年間住んだ邸宅。 2_桂林寺所蔵の絹本著色仏涅槃図（京都府指定文化財）。細川忠興から寄進された由緒ある品。 3_起り屋根、犬矢来などユニークなデザインが京都舞鶴港ならではのターミナル。 4_待合エリア、観光案内所などがあるスペースは天井が吹き抜け構造で開放感がある。 5_白い客船飛鳥Ⅱを迎えた「京都舞鶴港 うみとびら」。外壁の聚楽色が上品な存在感を放っていた。

02

Catch up! New Cruise Terminal in Japan

"海の京都"
舞鶴の新しい扉が開く
Maizuru
京都舞鶴港 うみとびら（旅客ターミナル）

文=上田寿美子
text by Sumiko Ueda
写真=上田英夫
photo by Hideo Ueda

岬や島の織り成す風光明媚な京都舞鶴港。その西港第2ふ頭に、新旅客ターミナル「京都舞鶴港　うみとびら」が完成し、2021年4月から供用が開始されました。「おもてなしの門」をコンセプトにした建物は、京町家の軒下に作られた「犬矢来」などで、京都らしさを表現。待合エリアの一画にはカウンターテーブル（コンセント、充電用USB付き）が設置され、Wi-Fiも利用できるので待ち時間も有意義に過ごせます。

「京都舞鶴港 うみとびら」のある西舞鶴には、細川幽斎ゆかりの田辺城址など、徒歩圏にも名所が点在して

いきます。なかでも、座禅堂のある天香山桂林寺は外国人客にも人気で、実際に座禅体験を行った人もいるそうです。

また、京都府一の水揚量を誇る舞鶴港は、海の幸の宝庫。道の駅「舞鶴港とれとれセンター」では、岩ガキ、カニなど季節に応じた新鮮な海産物も食べられます。一方、東舞鶴には、海軍舞鶴鎮守府の初代司令長官・東郷平八郎の邸宅や、明治〜大正期の軍需保管庫用赤レンガ群を保存した「赤れんがパーク」など、海軍ゆかりの見どころが豊富。さらに、戦後66万人もの引揚者を受け入れた町ならではの「舞鶴引揚記念館」は、抑留者の過酷な生活や、引揚の模様を後世に伝える平和の発信地としても存在しています。展示物を見ながら、ロシアの捕虜となり、昭和23年舞鶴に上陸した父の思いを重ね合わせると、何度も涙がこぼれました。

港から西へ約37kmの所にある「天橋立」は日本三景の一つ。宮津湾に伸びる砂州に約5000本の松が茂る様は神秘的です。さらに足を延ばせば、「伊根の舟屋」など、日本屈指の景勝地も見応えがあります。上陸時間が長い時も、短い時も、各々に楽しめる舞鶴港は、私にとって何度でも訪れたくなる魅力たっぷりの港です。

Sumiko's Point

「京都舞鶴港　うみとびら」は、遠目からも映える聚楽色が鮮やか。ゆとりを感じる吹き抜け天井、2棟を使ったCIQエリア、そして、京町家風のデザインなど「海の京都の玄関口」にふさわしい新旅客ターミナルです。

6_博物館やショップのある赤れんがパーク。埋もれていた運搬路を市民が掘り起こし「赤れんがロード」として復活。 7_舞鶴の岩ガキは大きくてクリーミー。新鮮な海の幸は絶品の味わい！ 8_戦後13年間にわたり温かく引揚者を迎え続けた舞鶴。引揚記念館はその歴史の語り部。 9_細川幽斎ゆかりの田辺城。現在、城門の2階は田辺城資料館となっている。 10_日本三景の一つ天橋立。自然が生み出した神秘的な景観は龍の姿にもたとえられる。

にっぽん丸が停泊中の東京国際クルーズターミナル。

03

Catch up! New Cruise Terminal in Japan

22万トン級客船にも対応する海の玄関口

Tokyo
東京国際クルーズターミナル

2020年9月10日に開業した東京国際クルーズターミナルは、地上4階建て、世界最大22万総トン級の客船にも対応する新しい東京海の玄関口。外観は、波や船の帆をイメージした反りのある大きな屋根が特徴的で、深い軒や四周のバルコニーで日本建築の要素を取り入れています。「反り」屋根は、一方を東京の景色に向けて開く（反る）ことで来館者を出迎え、もう一方を入港する船に向けて屋根を開く（反る）ことで海の玄関口としての設えを表現しました。美しいガラスウォールカーテンは開放感があり、待合エリアなどのテーブルやソファは、東京都の多摩産材を使用したこだわりのものを設置しています。

　オープン以来これまでにも、広々としたスペースを利用してイベントなどの多目的な利用が行われています。2021年7月7日（水）からターミナルにて、文化庁による文化発信プロジェクト「CULTURE GATE to JAPAN」の展示を行っています。メディア芸術のフィールドで活躍する6組のアーティストによる作品を同施設およびウェブサイトにて展示するもので、一般来館者の鑑賞も可能。新たな東京の文化発信拠点としても、可能性が広がる施設です。

1_東京都の多摩産材を利用したという待合エリア。 2_ガラスウォールカーテンを利用した東京国際クルーズターミナル。 3_「反り」屋根の下に設けられた送迎・展望デッキ。4_CIQエリアは、イベントスペースとしても利用可能。
問い合わせ：東京国際クルーズターミナル
https://www.tptc.co.jp/terminal/guide/cruise

04

客船の美しさを堪能できる展望デッキ

Sakaiminato
境夢みなとターミナル

日本海で獲れた新鮮な海産物や、『ゲゲゲの鬼太郎』でも有名な境港に、CIQ機能を完備した「境夢みなとターミナル」が2020年にオープン。開放感があふれる待合ホールや秀峰大山と美保湾が一望できる展望コーナー、クルーズ客船寄港時に船を間近で見学できる展望デッキ、約350台を収容できる駐車場も設け、北東アジアの玄関口としてふさわしい機能が充実しています。2021年4月に、飛鳥Ⅱが初めて寄港し、セレモニーが行われました。

1_ターミナル完成後、初めて入港した客船・飛鳥Ⅱの停泊風景。 2_開館日であれば自由に出入り可能な展望デッキ。客船寄港時には訪れたいスポットだ。 3_境夢みなとターミナルの外観。 4_ストリートピアノとして1885年にドイツ・ベヒシュタインで製造されたグランドピアノを待合ホールに設置。

問い合わせ：境夢みなとターミナル　https://symt.tottori.jp

05

人気寄港地、宮古島の平良港に新たなクルーズ拠点が完成

Hirara
平良港岸壁&CIQ施設

沖縄県の宮古島では、平良港国際クルーズ拠点の整備が進められ、専用岸壁（バース）旅客受入施設の駐車場など関連工事が終了しています。岸壁には宮古上布の代表的な図柄となっている「七宝紋柄」がカラータイルでデザイン。岸壁は、客船の大型化に対応して14万トン級対応可能な370mに延長しました。22万トン級対応可能な岸壁に拡張工事中で、2022年3月完成予定。現時点では供用開始は未定となっていますが、今後、外国客船の日本でのクルーズ時の寄港が期待されています。

1_新しいクルーズ拠点全体を空から眺めたところ。 2_平良港に完成したCIQ施設の外観。

問い合わせ：宮古島市平良港　https://www.city.miyakojima.lg.jp/soshiki/shityo/kensetsu/kouwan/oshirase/cruise.html

とっておきの
ビュースポットは
どこですか？

名港の知られていない

01.

大阪港

大阪港湾局事業戦略課　野瀬譲子さん

天保山客船ターミナルの最寄り駅大阪港駅から、2駅隣の弁天町駅に直結したのが大阪ベイタワー。この「アートホテル大阪ベイタワー」最上階の51階レストランからの景色が超絶景です。昼間の青空と海の青のコラボレーションはすがすがしく、また西向きに位置する大阪港ならではの海に沈む夕日、そしてライトアップが美しい夜景と、それぞれの時間帯で全く異なる魅力的な景色を見せてくれます。大阪港の景色と着岸するクルーズ客船、行き交う船を眺めながらの食事は優雅なひとときであり、自分へのご褒美としてもおすすめです。

https://osaka-info.jp/page/art-hotel-osaka-baytower

02.

唐津港

唐津市みなと振興課　古川敦教さん

玄界灘に臨む唐津港。唐津城や鏡山からの風景が唐津港の定番ですが、クルーズ船が寄港する港のすぐそばにもおすすめのビュースポットがあります。客船の寄港地である唐津東港から徒歩15分のところにある「大島市民の森公園」。公園内の遊歩道は約4kmあり、1時間ほどで公園を一周することができます。公園西側の展望台からは唐津湾を、そして特におすすめは公園東側の展望台。遊歩道入り口から30分ほどにあるこの展望台からは、唐津東港に寄港するクルーズ船と唐津城や鏡山、虹の松原を同時に眺めることができ、超穴場スポットといえます。

https://www.city.karatsu.lg.jp/machidukuri/shisetsu/koen/ooshimasiminnomorikoen.html

03.

佐世保港

佐世保市観光課　土居涼子さん

クルーズ船が停泊する佐世保港国際ターミナル裏側の海を挟んだ場所に位置する「小さな公園」は、海に向けてベンチが並んでおり、佐世保の地元っ子もなかなか知らない、とっておきの隠れスポットです。海上自衛隊の護衛艦や海上保安庁の船が見渡せる場所にあり、軍港の歴史を持つ港町佐世保ならではの風景が広がっています。クルーズ船が停泊すると、その雄大な船体が風景に加わり、また違った雰囲気を味わうことができます。昼間はもちろん、夕日や夜景の時間もおすすめです。ターミナルから徒歩で10分程なので、佐世保に寄港された際はぜひ立ち寄ってみてください。

穴場のため詳しいサイト無し。その他情報(https://sasebokankou.n-cruisenavi.com/)

04.

下関港

下関市港湾局　磯村雄也さん

本州と九州を隔てる関門海峡。海峡といいながら、最も狭い部分の幅はわずか700m。行き交う船は実に1日500隻！　世界の名だたる海峡の中でも圧倒的ににぎわう海上交通の大動脈。その海峡沿いに広がるウォーターフロントはのんびり散歩にぴったり。なかでもイチオシスポットは下関と対岸の北九州・門司を結ぶ「関門連絡船」からの景色です。オープンデッキから360度の大パノラマを堪能、ひっきりなしに往来する大型船をかわしながら海峡を渡る連絡船はスリル満点です。波の高いときであると波しぶきが襲いさらなる興奮を味わえるかもしれません。

https://shimonoseki-kgb.jp/area/karato

05.

高松港

香川県交流推進課　辻本守さん

瀬戸の都・高松。高松港を入出港する船上から、都市景観と一体となった港の特別な情報を楽しめます。その情景は、波や雲の動き、旅人の感情の変化などにより時々刻々と移り変わるアート作品のよう。2022年に高松港をマザーポートとして、瀬戸内海の島々を舞台とした現代アートの祭典『瀬戸内国際芸術祭2022』が開催され、高松港発着の定期船により、直島、豊島、女木島、男木島、小豆島、大島への島旅を通して、島の人々が育んできた伝統や文化、そしてアートなどをお楽しみいただけます。高松港からの島旅とともに、アート作品ともいえる「海からの高松港」をご鑑賞ください。

https://www.pref.kagawa.lg.jp/kouryu/cruise/syoukai/index.html
https://setouchi-artfest.jp/

06.

鳥羽港

鳥羽市観光課　奥村元就さん

三重県鳥羽市は市内全域が伊勢志摩国立公園に位置し、自然景観や歴史文化に基づく観光施設や豊富な海産物が特徴的な年間約420万人の観光客が訪れる観光都市です。鳥羽の海の玄関口である鳥羽マリンターミナルから徒歩で約10分のところに、鳥羽港の景色を一望できるスポットである「鳥羽城跡城山公園」があります。公園は鳥羽の海を眺めることができる有名なスポットの一つですが、春の時期には桜が咲くことから、海の青い情景に春の桜のピンクの差し色が入ることで、いつもとは違った印象を与えてくれます。鳥羽にお越しの際は、ぜひお立ち寄りいただき景色をご堪能ください。

https://www.tobakanko.jp/modules/know/index.php?p=607

絶景スポット11

港を望むビュースポット。全国には有名な港ごとにおススメの
場所がありますが、今回はあえて「有名ではないけど、実は素晴らしい場所はある?」
というテーマで各地の自治体ご担当者様に聞いてみました。
そして推薦いただいたのが11の港の絶景スポット。
ぜひ、次回のクルーズの際は足を延ばしてみませんか?

07.

伏木富山港

富山県地方創生局観光振興室　角田尚子さん

伏木富山港クルーズ船専用バースである海王岸壁の対岸にある「海王丸パーク」。商船学校の練習船として使用されていた帆船・海王丸が現役当時の姿のままで係留されており、年に10回ほど行われる総帆展帆では、『海の貴婦人』と称された優美な姿が披露されます。クルーズ船寄港時には、帆船・海王丸とクルーズ船が並び、船の向こうには日本海側最大級の斜張橋である新湊大橋や北アルプス・立山連峰のダイナミックな景色が望めます。海越しに3,000m級の山々を見ることができる景色は、世界的にも珍しく、富山県の自慢の1つです。

http://www.kaiwomaru.jp/

08.

新居浜港

新居浜港務局港湾課　三並弘昭さん

港の玄関に位置する「みなとオアシスマリンパーク新居浜」は宿泊施設、キャンプ場、レストランなど瀬戸内海の風を感じながらアウトドアを楽しめる四国最大級の総合マリンレジャー施設。そんな一角に知る人ぞ知る恋人の聖地が存在します。それは瀬戸内海が一望できる広場の高台に、『愛することそれは　行動することだ』とメッセージが刻まれた大きなハート形のオブジェ「愛のモニュメント」。恋愛も結婚もまずは行動しないと始まらないという制作者の思いが込められており、密かに注目を集めています。フレーム越しに見る瀬戸内海も趣きが。大切な人との思い出に記念撮影はいかがですか?

http://www.niihama-marina.com/

09.

萩港

萩市観光課　山谷義貴さん

山口県の歴史情緒あふれる町、『萩市』。その萩市のクルーズ船の玄関口である萩港。港は山口県を北に抜ける国道191号沿いに位置しており、萩港や日本海を見渡しながら北上するルートは山口県民が愛するドライブコースですが、とっておきといえば萩港近くの遊歩道です。距離にして約1km。海岸線に沿ってゆっくり歩いてもおよそ20分。心地よい海風に吹かれつつウォーキング。夕暮れ時の時間帯が特に素晴らしく、日本海に沈む美しい夕日を眺めながらのひと時は日常を忘れる至福の時間です。皆様も山口県にお越しの際は、是非体験してみてください。

穴場のため詳しいサイト無し。その他情報(https://www.hagishi.com/)

10.

広島港

広島県港湾振興課　織田絵美香さん

広島港の宇品外貿埠頭から車で約10分にある「黄金山」。山頂からは市街地、広島湾を一望することができ、市内でも有名な夜景スポット。ネオンの輝きやオレンジ色にライトアップされた橋がすごくきれいです。茜色に染まった空が徐々に暮れ、街の明かりが灯り始める日没から30分間の夕景が特におすすめです。山頂へと続く山道沿いには約480本もの桜の木が植えられており、桜が満開の春には、山道が桜一色になるほどの桜の名所です。標高221mの山なので、木々の合間から見え隠れする広島港の風景を楽しみながら登山するのもおすすめです。

https://www.hiroshima-kankou.com/spot/12156

11.

宮古港

宮古市港湾振興課　竹原和彦さん

本州最東端の重茂半島にそびえる標高約456mの「月山」は知る人ぞ知る絶景スポットです。展望台からはリアス地形の宮古湾と北方の海食崖が連なる美しい海岸線や南北に連なる北上山地の山並みを一望。乗船してきたクルーズ船を撮影するにも絶好のポイントです。港から登山口まで車で約20分、さらに未舗装路を車で約20分。青い空と海、海岸線の絶景、行き交う船の航跡を眺めていると時はあっという間に流れます。市民でも行ったことがないという人も多いのでは。三陸特有のヤマセで湾内に流れ込む霧はまるで雲海のよう。北上山地に沈む夕日も一見の価値ありです。

http://www.kankou385.jp/sightseeing/nature/index_12.html

Information

rui+tonami

編集部が運営する「ルイタストナミ」
facebookページでは毎日、
このような楽しい港情報を発信しています。

https://www.facebook.com/minatostyle

多彩に楽しめる
日本の船旅。
新しいスタイルで 船旅へ 出かけましょう。

photo by Tanji Taku

Let's go on a cruise in new styles!

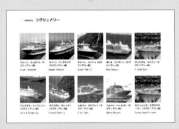

CRUISE Traveller

画像提供：郵船クルーズ

CRUISE Traveller Next Issue
冬号のご案内

Special Feature
これから楽しめる新しい客船
クルーズ、未来の年表。

ついに計画が明らかになった郵船クルーズの新造船。
より上質を目指す建造コンセプトをいち早くお届けするほか
世界のクルーズラインが温めている
近未来の建造計画や新しいサービスを徹底取材。
さらに、日本と世界のクルーズターミナルの
拡張計画も併せてお届けします。

まずは誌上で夢を広げる
未来のクルーズライフ案内書。

新型コロナ感染症の影響で、引き続き運航休止や取材延期などが予想されております。
流動的な編集環境を鑑みながら、かつ、本誌の内容とクオリティの維持をはかるべく
次号の具体的な発売日・タイトル・内容のご案内は後日とさせていただきます。

情報は逐次、公式ホームページにてご案内いたします。
http://www.cruisetraveller.jp/

CRUISE Traveller ONLINE
www.cruisetraveller.jp
CRUISE Traveller公式サイトでは
取材風景なども公開しています。

[ISBN 978-4-908514-26-5]

CRUISE Traveller
Salon

photo by Yoshiomi Goto

横浜
はじめて
物語

1870年、横浜で日本初の日本語での日刊新聞が発行されました。

北原照久

1948年生まれ。
ブリキのおもちゃコレクターの
第一人者として知られている。
横浜、河口湖畔、松島、
羽田空港第一ターミナルなどで
コレクションの常設展示を行っている。
テレビ、ラジオ出演のほか講演も多数。
株式会社トーイズ代表取締役。

二ュースボーイと呼ばれる日本製ブリキのおもちゃです。顔はセルロイド製、動力はゼンマイです。右手を前後に振ってベルを鳴らし、左手と顔は左右に動かして、「EXTRA」つまり号外新聞を売っています。

シャツとオーバーオールは、アメリカのイメージそのものの星条旗柄。MADE IN OCCUPIED JAPAN の刻印が入っていて、1947〜1952年の5年間に、占領下の日本で作られていたことがわかります。

わずか前までの敵国を象徴するようなおもちゃを、焼野原に再建した掘っ立て小屋の工場で作る様子が目に浮かびます。まだ三度の食事にもこと欠くような日々だったことでしょう。敗戦は悔しいのですが、自由を実感し、技術では負けないという自信でおもちゃを作り、大量に輸出して外貨獲得に貢献したのが、終戦直後のブリキのおもちゃたちです。そして瞬く間に最盛期へと向かいます。

約25年前、このニュースボーイの復刻版を、以前に携わっていた職人さんと取り組みました。困難点が多く、ベルの玉の大きさにも試作を重ね、音色の良さにたどり着いたことは、作り手のこだわりを実際に体験した思い出です。イメージキャラクターやスナック菓子の懸賞など、多方面で活躍しています。

横浜は1870年、日本で初めに日本語の日刊新聞が発行された街。それまでの和紙に木版で片面印刷のものや、居留地の外国語版といった新聞から、洋紙に活版で両面印刷の横浜毎日新聞が発行されました。知事の声掛けに横浜商人たちの出資で始まったことが反映されていて、船舶出入、輸出入、両替相場、内外雑報、商況など、経済記事が多かったようです。当時の新聞が全国で見つかっているそうで、横浜の貿易情報が各地の商家にも重要だった歴史が伝わっています。

145年以上の伝統と現代が融合 ホーランド アメリカ ライン

Holland America Line
SAVOR THE JOURNEY

2022年 ノールダム
横浜発着
クルーズ

N O O R D A M

日本人
コーディネーター
乗船

Aコース **関門海峡と日本周遊クルーズ** ｜ 2022年3月14日～3月28日　15日間

Bコース **沖縄・台湾クルーズ** ｜ 2022年3月28日～4月11日　15日間

Cコース **ウラジオストクと日本周遊クルーズ** ｜ 2022年4月11日～4月25日　15日間

問い合わせ　オーバーシーズトラベル　http://cruise-ota.com

Wellness

人生の質を高める
ウエルネスの生活

モアゴールド
／医薬部外品
／エストラジ
オール100mg
中、2.0mg配
合

今回のテーマ 薄毛・抜け毛

まもなく再開する
クルーズや社交のために
頭皮のオイルケアで
強い髪を蘇らせる

頭皮をやわらかくするために女性ホルモンの力を借りる

夏の紫外線によるダメージは、顔や身体だけでなく、頭皮も相当受けている。暑くなると皮脂や汗の量もグッと増える。ホコリ、アカなども混じりやすくなるので、放っておいたら毛穴の詰まりから、薄毛や抜け毛が進行してしまうのだ。

特に男性は皮脂が多いといって、さっぱり系のシャンプーでゴシゴシ洗う方がいらっしゃるが要注意。

「皮脂の詰まりには油同士、オイルで優しくマッサージをして汚れを落とすことが重要です。元気な毛というのは毛根が活性化しているので、立ち上がりますが、薄毛や抜け毛になると毛がへたってしまっています。つまり、同じ毛量でも元気であれば自然とボリュームが出て若々しさを保てるのです」と、ホルモードオリーブ研究所所長の桂川和子さんは話す。

こちらの美容オイル『モアゴールド』は100%オーガニックな上、女性ホルモン（エストラジオール）入りというのがキモだ。髪の成長を支えるホルモンは女性ホルモンのエストロゲンだという事実に基づいて作られている。

特に、女性の場合は、更年期以降女性ホルモンが急激に減少することが薄毛、抜け毛の原因になる。この女性ホルモン入りオイルが女性ホルモン補充としても強い味方になってくれるのだ。

「そもそも、なぜ、女性の肌は触り心地がよく滑らかなのに、男性の肌はゴツゴツしているのでしょうか。それは女性ホルモンのなせるわざ。男性だって美容オイルで頭皮をケアすることで頭皮がやわらかくなり、毛根が育つようになるのです。まさに、祖父も父も85歳過ぎても黒々ふさふさでした」（所長）

なるほど、男性も女性ホルモンの力を借りてやわらかい頭皮にするのも手だ。

さて、お手入れ法も所長に習った。入浴前、美容オイルを前頭部と頭頂部を中心に頭皮にたらして頭皮全体をマッサージし、30分〜1時間放置。その後、入浴しながらシャンプーを。

「頭皮をマッサージすることでスッキリするのはもちろん、血行も良くなり、お顔も引き上がります」（所長）

50年以上変わらないホルモン美容

ところで、この女性ホルモン入り美容オイル。エストラジオールそのものを使用した商品を扱うのは『ホルモードオリーブ研究所』が日本で一番古く老舗だ。開発秘話に触れておくと、所長のお祖母様、桂川喜代子さんが、薄毛の悩みを抱えていたことで開発につながった。50歳前後にヘアダイの影響で薄毛になったそうで、髪の毛の衰えは女性ホルモンの減少と知り、その成分エストラジオールを毎日お手入れで使用することで蘇ることを発見。さらに、効果的に浸透させるにはオリーブオイル100%の中に溶け込ませる研究を重ね、皮膚科の権威の強いサポートのもと製品化に成功した。

その後、2代目を経て現在もなお3代目所長がホルモン美容を継承し、発展させている。薄毛や抜け毛でお悩みの方、これから再開する海外クルーズや社交のためにも、黒々ふさふさした強い髪を蘇らせてはいかがだろうか。

株式会社ホルモードオリーブ研究所
3代目代表
桂川和子
父方祖母がエイジングケアに特化したスキンケアブランド『ホルモードオリーブ』を1966年に立ち上げ、母方祖母は戦前から美容院を経営する美容一家に生まれる。洋食器・インテリアの世界でコーディネーターとして働き、美意識を研鑽。2007年に事業を継ぐ。女性ホルモン美容の伝道師になるべく、医師・薬剤師と積極的に交流し、総合的な女性のエイジングケアをサポートする取り組みを行っている。
https://www.hormode.jp/

ウエルネスライター
高谷治美
日本経済新聞『プラス1』の医療健康記事では最新医療から健康維持、よいウエルネスの提案について12年以上にわたり取材執筆を行う。また、国内外の生活文化・芸術・マナーなどを多角的に取材し、各界の著名人の人物記事、広告、書籍制作にも力を注ぐ。（一社）日本プロトコール＆マナーズ協会の理事を務めている。

Economics

今回のテーマ
PCR検査

旅を楽しむための
PCR検査 最新情報

withコロナの時代、旅の前にはPCR検査またはワクチン接種が必要になりそうです。
今回はPCR検査についての最新情報をお届けします。

（上）TeCOT海外渡航者新型コロナウイルス検査センターのホームページ。アプリもダウンロードできる。（下）一般的なPCR検査に使うキットの一部（例）。

ワクチン接種が進むなか、そろそろ旅を再開しようとお考えかもしれません。流行が変異株に置き換わるなど、withコロナ時代はまだまだ続きそうです。

そこで欠かせないのが自費でのPCR検査です。近ごろは職場や訪問先などへの陰性証明が必要なケースが増えており、空港や市中にもワンストップ窓口となる民間PCR検査センターが目立つようになりました。また、自宅でできる簡易的な検査キットは種類が豊富で、どれを選べばよいか迷うほど。特に抗原検査は、ドラッグストアやインターネットで入手でき、比較的安価なので試されたひとも少なくないはず。とはいえ抗原検査では陰性だったものが、PCR検査では陽性と判定されたというケースも散見します。特に長旅の前には、しっかりとした検査を受けたほうがよいでしょう。

空港で働くひとはもちろん、航空機搭乗前に空港で検査をしたいときに助かるのが空港検査所です。空港内の制限区域外で民間の病院が実施するもので、30分程度のクイック検査のほか、最低4時間を要する唾液採取型のPCRと組み合わせたセット検査もあって選ぶことができます。陰性証明書が発行される検査所を選ぶとよいでしょう。

空港検査をするときの注意点は3点あります。まず、必ず事前にネット予約をすること。電話や飛び込みでの申し込みを受け付けていないのが一般的です。次に、現金払いができないのが通例。クレジットカードなど、できるだけ接触をさける決済方法がとられています。さらに、手荷物預けは検査後にすること。チェックインして手荷物を預けてしまってからの検査は、受け付けてもらえないので注意してください。ご存じのとおりビジネスマンは、感染に留意しながらも、すでに渡航を再開しています。求められる検査

内容は相手国によって大きく異なるため、経済産業省は、オンライン上でPCR検査が可能な医療機関を検索・予約できるポータルサイトTeCOT海外渡航者新型コロナウイルス検査センターを開設して情報を提供しています。ビジネス渡航者以外も利用可能です。

旅行会社H.I.S.が東京・新宿に開設する「HIS新宿東口PCR検査センター」は、このTeCOTに登録された事業者として有料で、唾液採取型の検査を行っています。予約や支払い方法は前述の空港とほぼ同じで、最短3時間、遅くても当日24時までにメールで結果を教えてくれます。予約なしでも当日、空きがあれば対応してくれます。

発熱などの症状があり保健所や病院でPCR検査を受けるのであれば、保険が適用され、かつ自己負担分が公費となるため、受診者は実質無料で受けることになります。一方で、自費検査となれば、最低でも1万5000円前後はかかります。変異株のスクリーニングが付いたものであれば、さらに料金がかさみます。症状がなく濃厚接触者に当たらないのであれば、これら検査は全て自費となります。

そうはいっても旅を楽しむためには出発前に、そして旅行後にも検査をすることで、安心・安全な滞在ができるのですから、積極的に検査を受けることが重要かもしれません。

淑徳大学
経営学部観光経営学科　学部長・教授
千葉千枝子
中央大学卒業後、銀行勤務を経てJTBに就職。1996年有限会社千葉千枝子事務所を設立、運輸・観光全般に関する執筆・講演、TV・ラジオ出演などジャーナリスト活動に従事する。国内自治体の観光審議委員のほかNPO法人交流・暮らしネット理事長、中央大学の兼任講師も務める。

Opinion

時代を超えて、いつも特別な存在の船が1隻ある。クイーンエリザベス。私の時代は、クイーンエリザベス2（以下QE2）が世界最大客船として一世を風靡した。1975年、世界一周クルーズの途中、神戸と横浜に寄港した。私は大阪出身なので神戸港へ見に行った。三ノ宮駅からタクシーでポートターミナルへ向かうとポートターミナルの建屋の上に煙突が見える巨大な船、そんな大きな船を今まで見たことがなかったので子供心に大変驚いたものだ。横浜港では停泊中に50万人を超える人がQE2を見に大桟橋にやってきた。QE2にはクイーンズルームという素晴らしいラウンジがあり、船内を訪れたときにそのクイーンズルームの通路をアラブの国王らしき人が何十人もの人を従えて歩いてくる光景を見た。明らかにQE2は、他の客船とは異なる別格の船だった。

1982年、フォークランド紛争が勃発、QE2はイギリス海軍に徴用され輸送艦として使用されたことがある。その時オフィサーだった方が後にサガクルーズ社のキャプテンとなり、その時のことを語ってくれた。フィリップ・レンティル氏。フォークランド紛争からイギリスに戻った時、女王陛下からねぎらいの言葉をいただいたのが誇りであると。

2008年にQE2は引退、2010年に後継船として今のクイーンエリザベス（以後QE）が就航した。QE2の次だからQE3と思っていたら、QEになった。船型はすでに就航していたクイーンビクトリアに酷似した姉妹船であることにがっかりした。できればQE2のようにオンリーワン、姉妹船のない孤高の存在であってほしかった。

今、クルーズセールスというビジネスに従事していて、現代のクルーズファンにも少なからず現代のQEに憧れを持っている人がいることを感じることがある。

その憧れる気持ちは私が子供の頃のQE2に対する憧れに近いかもしれない。今、その憧れを実現させるお手伝いをさせていただいている。2022年QEは横浜発着クルーズを実施する。その予約・手配において、部屋選び、ダイニング選び、ダイニングのテーブルや時間設定、ベッドタイプの形状など、お客様の憧れのお手伝いは実に楽しいものだ。QE擁するキュナード社は、現代では珍しく、お部屋のグレードによってダイニングを分ける階級制度を今も採っている。それは差別化ではなく個性だと理解している。

かくいう私も2022年4月13日出港に申し込んだ。現代のキュナードのサービスやお食事を知りたくなったのだ。現代のクルーズ、とかくドレスコードは緩くなってきているが、さすがにQEはフォーマル必須であろう。客室はブリタニアクラスのバルコニーを選んだ。10泊で約30万円。QEは意外と安く乗れるのだ。キュナードには過去2回乗ったが、あの黒塗りの威圧感ある船体へ乗船する時のちょっとした緊張感がとてもいい。ベタな話ではあるが、クイーンエリザベスとは誰もが知る最も有名な客船、近所の人に自慢できるという特権がある。

特別感のある QEでのクルーズ

クイーンズラウンジでの華やかなパーティーや伝統のアフタヌーンティーなど、古き良きクルーズを体験できるのも、変わらぬクイーンエリザベスの魅力だ。

今回のテーマ
クイーンエリザベスという船

船好きなら一度は憧れるクイーンエリザベス、その船に乗る意義とは？

誰もが知る客船、クイーンエリザベスへの思い。

マーキュリートラベル代表
東山 真明

マーキュリートラベル代表。ポナン、シードリーム・ヨットクラブ、サガといった個性派のスモールシップに傾倒、年間「70日程度、日本からのゲストと洋上で過ごす。大阪市出身。

東山真明ウェブサイト

People

Q1 新しい組織クルーズギルドジャパン（以下CGJ）立ち上げの背景は?

当社は30年にわたりシルバーシークルーズなど海外ラグジュアリークルーズラインの総代理店として活動してきた中で、ラグジュアリークラスはマーケット全体の伸びに追いついていないという状況が続いていました。いくつかある中で、ラグジュアリークルーズは参加された消費者の満足度が非常に高く、リピート率が高いにもかかわらず、クルーズ取り扱い店がまだまだ限られているということが要因の一つと分析しています。旅行会社や販売のプロフェッショナルに話を伺うと「ラグジュアリークルーズは特殊な商品でハードルが高い」「ノウハウ不足から二の足を踏んでいる」という声の一方で、「上質な体験を追求される消費者に最適な素材だと思う」という声も多かったのです。顧客にすすめてみたいけど取り扱いに躊躇する、このギャップを埋めることができれば日本のラグジュアリークルーズマーケットはさらに活性化すると感じ、そのための仕組みとしてCGJを立ち上げました。

Q2 CGJのスキームをお聞かせください。

各船社との契約や交渉など専門性が求められる業務は事務局として当社が担い、CGJ加盟メンバーは複雑な業務に煩わされることなく、それぞれの顧客向けの販売に集中していただく、そのためのコンソーシアムです。具体的には当社が取り扱うクルーズ商品を円滑に販売していただくために販売用ウェブキットを制作、メンバーにご利用いただきます。これにより各社でウェブサイトを作成する手間とコストを削減し、速やかにクルーズ販売に取り掛かることができるようになります。また、専門スタッフがいない加盟メンバーに対しては顧客対応などで高度なコンサルテーションが必要な場合は本部スタッフが代行して対応します。さらに、メンバー向けに各船社や業界オーソリティを招いたウェブセミナーも開催していきます。CGJとは販売の知識を吸収する機会の構築から、販売、乗船中の顧客ケアに至るまでシームレスでクルーズ販売を各旅行社様と共に実現する、いわば互助会的なクルーズ販売のための組織と考えていただければと思います。

Q3 現状の手ごたえはいかがですか?

今年2月に正式にメンバーを募り、すでに40社ほど加盟申請がありました。コロナ禍で活動が思うようにできない状況の中で、これだけの参加があることは驚きであり、また、クルーズの商品バリューを強く感じていただいている証だと思います。年内には50社を目標にメンバーを募っていきながら、今までアプローチできなかった顧客群にも、ラグジュアリークルーズの楽しさを伝えていく素地を整えていければと考えているところです。

Q4 CGJ、最終のゴール像があればお聞かせください。

仕事柄、豊かな人生を楽しまれている多くのお客様を見てきました。その経験の中で感じたことは、豊かなライフスタイルを送るために衣食住はもとより「旅」も欠かせないアイテムであるということ。そのような上質な旅のアイテム、実はクルーズだけに限りません。上質なホテルの代名詞「ルレ・エ・シャトー」やハリウッド俳優のマーロン・ブランドが所有していた島にある楽園リゾート「ザ・ブランド」、豪華列車の旅やサファリでの滞在など他には無い最上級の体験型旅行を提供する「ベルモンド」など、当社が長年にわたり世界中から選りすぐった旅のアイテムもCGJのメンバーと共有していきたいと考えています。さらに、ゆくゆくは旅のアイテムだけではなく、ラグジュアリーに関心のあるお向けにライフスタイルを豊かにするための情報を届プラットフォームを目指してみたいと考えています。

Q5 最後に行くならどんな旅が理想ですか?

この仕事をしている以上、一度はワールドクルー行ってみたいですね。

上質なクルーズの販売を活性化させる新たなコンソーシアム

CRUISE GUILD JAPAN

（上）国際信号旗のUとWを組み合わせてBon Voyage!の意味を盛り込んだブランドロゴ。「メンバー全員とゲストがコンソーシアムを通じて良い旅を」の意味を込めたという。
（下）ICM社が総代理店を務めるシーニッククルーズなど世界中からラグジュアリーなクルーズを厳選してCGJにラインナップしていく。

老舗クルーズライン総代理店が挑む、新たな販売組織づくり

「加盟メンバーとともに上質なライフスタイルを提案していきたい。」

今回のゲスト

今川聡子
インターナショナルクルーズマーケティング
代表取締役社長

大学卒業後、金融機関を経てクルーズラインのクルーに転身。4年間の乗船勤務を経験した後、2003年にICM入社。約15年にわたり日本地区販売総代理店としてシルバーシークルーズのセールス＆マーケティングに従事。2021年1月より現職。CGJを立ち上げ、新たなアプローチでラグジュアリーマーケットを広げるのが目標。埼玉県出身。

News & Topics

飛鳥Ⅱ、感染症予防・衛生対策を強化

飛鳥Ⅱは乗客と乗組員の感染症予防ならびに船内衛生に万全を期し、安心して乗船できるよう各種対策をさらに強化する。これに伴い、「乗船当日（午前中）にもPCR検査を実施」「ディナー時の感染症対策をさらに強化」「寄港地での外出はツアー利用とする」などの対策を実施。ウイルスを船内に持ち込まない、万一船内にウイルスが入ってきた場合に拡散させないよう感染症対策を万全に行いながら寄港先とも連携をしていく。

■問い合わせ　郵船クルーズ
https://www.asukacruise.co.jp

にっぽん丸、期間限定アンテナショップ&レストラン

にっぽん丸が6月19日〜7月19日の期間限定で、東京都千代田区内幸町の日比谷ダイビル内にアンテナショップ&レストランをオープンした。ショップにはオリジナル商品を取りそろえ、レストランではにっぽん丸の味を地上で味わえる、初めての試みに。船内でおなじみの特製黒毛和牛ローストビーフが提供されたり、皿やカトラリーなども船内と同じものが使用されたりと、ファンにとっては次の乗船が待ち遠しくなる空間となった。

■問い合わせ　商船三井客船
https://www.nipponmaru.jp

ぱしふぃっくびいなす、9月までの新コースを発表

日本クルーズ客船は、ぱしふぃっくびいなすが実施する2021年8月26日から9月30日出発の計11コースを発表。全て2泊3日または3泊4日のショートコースで、熱海花火を洋上で観賞したり、世界遺産の屋久島、九州・四国や日本海側の寄港地などを巡ったりする。また、神戸・大阪・金沢・富山・舞鶴・広島・下関・門司と出発港の多さも特徴で、「あなたの街からクルーズを！」をテーマに、身近な港からの乗船の機会を提供。

■問い合わせ　日本クルーズ客船
https://www.venus-cruise.co.jp

MSCシースケープのコインセレモニー実施

MSCクルーズは、MSCシースケープ（総トン数169,400トン、乗客定員5,877名）のコインセレモニーをフィンカンティエリ造船所で行った。MSCシーサイドEVOクラスの2隻目となる同船は2022年11月に就航予定。コインセレモニーでは、ゴッドマザーを務めたMSCクルーズ カテゴリーマネージャーのモニカ・ソンマ氏らが、新造船のキール（竜骨）に記念コインを溶接し、伝統的な式典で今後の建設の成功と安全な航海を祈った。

■問い合わせ　MSCクルーズ
　https://www.msccruises.jp

飛鳥Ⅱとのコラボレーションウオッチ登場

セイコーウオッチからセイコープレザージュの新デザインシリーズ「Ocean Traveler」の飛鳥Ⅱをモチーフにした数量限定モデルが登場。プレザージュが大切にしている日本の真摯なモノ作りという思想に共感を得て飛鳥とのコラボレーションが実現。就航30周年を迎える飛鳥クルーズを祝し、デザインに赤の二引きや日付表示「30」の金の目盛り、裏ぶたには飛鳥のロゴを施した。希望小売価格275,000円（税込み）。

■問い合わせ　セイコーウオッチ
www.seikowatches.com/

国際両備フェリー、高松〜小豆島に新造船

国際両備フェリーは、香川県の高松〜小豆島間定期航路に投入する旅客船フェリーを2020年6月より建造し、7月21日に就航した。新造船・第十一こくさい丸は1,000トンクラスのフェリーで日本初の前後エレベータを設置。象がデザインされたマストの中にはメリーゴーランド1基、近くにはブランコ2台も設置し、ファミリーが楽しめる空間を提供。3階には瀬戸内海を一望できる団体室（予約制）を設けている。

■問い合わせ　国際両備フェリー（両備小豆島フェリー）
https://ryobi-shodoshima.jp

ミュージカル製作発表記者会見がにっぽん丸で開催

この夏上演のブロードウェイミュージカル『エニシング・ゴーズ』の製作発表記者会見がにっぽん丸船上で行われた。陽気なストーリーとジャズメロディーに乗せたダンスで魅せるミュージカルコメディ、その舞台が船上ということで同船が選ばれた。出演は宝塚歌劇団星組元トップスター紅ゆずる、陣内孝則ほか。上演は2021年8月1日から29日まで明治座にて。さらに御園座、新歌舞伎座、博多座と全国ツアーが予定されている。

■問い合わせ　東宝
https://www.tohostage.com/anything/

新高速船"クイーンビートル"で世界遺産・沖ノ島近海へ

JTBは博多〜釜山を結ぶ高速船として誕生したクイーンビートルで行く博多港発"沖ノ島近海クルーズ"を発表した。日韓航路への就航を控えた新高速船クイーンビートルで「神宿る島」として知られる沖ノ島近海までクルージングし、一般の入島は禁じられている沖ノ島を海上より遥拝する（上陸不可、沖津宮の御朱印付き）。その他福岡湾周遊コースも設定。期間は韓航路再開までとなる9月26日まで。

■問い合わせ　こころトリップ
https://www.jtb.co.jp/lookjtb/kokorotrip/?area=kyusyu&month=#tour_result

木の温もりを感じる専用ラウンジ「和-NAGOMI- LOUNGE」

ホテル インターコンチネンタル 東京ベイでは、木の温もりを感じる落ち着いた雰囲気のエグゼクティブフロア宿泊者専用ラウンジ「和-NAGOMI- LOUNGE」を開設。ジャパニーズモダンのインテリアを取り入れた空間は、自然光が降り注ぎ、東京湾岸の景色を一望。チェックイン時にはこだわりの日本茶やスイーツがサービスされ、厳選された素材を用いた和風スタイルの朝食を用意する。広々とした和みの空間で、リラックスできる癒やしの時間を提供。

■問い合わせ ホテル インターコンチネンタル 東京ベイ
https://www.interconti-tokyo.com/stay/nagomilounge

Gadget

取材において、もはやデジタルカメラが絶対的な基準だし、ここ10年は仕事でフィルムを扱った記憶がない。それ以前は取材に同行してもらったカメラマンからフィルムの束が送られてきていた。それを現像に出し、仕上がったリバーサルフィルムをマウント、つまり1枚ずつ四角いプラスチックの枠に挟み込んでいき、名前を記すという煩わしい作業は遠い昔の記憶だ。それに比べると、今の画像管理はデータ納品だから、とにかく迅速で簡便、数分でおしまい。フィルム紛失の致命傷を負うこともない。こんな便利なデジタルカメラだが、プライベートで乗船や小旅行の際に、僕は持参しない。なぜならば、もう一人の自分が「シャッターチャンス！」とけしかけ、いきなり仕事モードに引き戻されてしまうからだ。特に食事のときが駄目で、一皿一皿、とにかく撮る。隣に違う料理が来ると、それを借りて撮る。だからデジタルカメラは困る。フィルムカメラなら、自分の腕と機材では雑誌に堪えうるような写真は撮れないし、今どきでは1本2,000円を超えるフィルムを使って、とりあえず撮っておこうという気持ちにはならない。結果、目の前のご馳走に集中できるようになるという訳だ。

僕のカメラと職業病の話はさておき、現在でも、フィルムカメラには一定の支持があるという。ビックカメラ新宿東口店によると「フィルム写真ならではの味わ

いや表現力が評価されている」という。さらに、「機械としてのフィルムカメラを扱うことの面白さ」という声もあるそうだ。時に人は、あえて非効率なものに宿る嗜好性や本物感に惹かれるのかもしれない。自動車でいうオートマチック変速機に対してマニュアル変速機、電子メールに対して便箋にしたため投函する手紙、そもそもクルーズだって移動手段として航空機や列車に比べたら時間効率が悪い選択ながら、船内での過ごし方という嗜好性で読者を引き付けているはずだ。効率化すればするほど旧来の様式が相対的に価値を持ち、そして評価され続けるということだろう。だから、ますます技術革新が進む未来においても、フィルムカメラはもちろん、我々が愛するクルーズも価値ある旅の様式として残るはずだ。

最後にもう一つ、ビックカメラにて興味深い話を聞いた。現像データを個人のスマホに取り込める「データ転送サービス」というものが最近人気らしい。これなら、フィルム写真の魅力とデジタル写真の利便性が同時に追求できそうだし、現像後のネガフィルムの管理労力も軽減される。これは最近、断捨離が気になり始めた方々にも嬉しいサービスではないだろうか。こういう新たな技術が登場することでフィルム写真はじめ旧来の様式も存続できるという話は、何やら嬉しく感じたのだ。

効率化の世の中で愛される旧来の技術

オフタイムでは「あえて」、フィルムカメラという選択。

〈今回の逸品〉
BIC CAMERA
ビックカメラ
データ転送サービス

**フィルムとデジタル、
2つの写真の長所を
手に入れる新しいサービス**

通常の現像サービス同様、カウンターに撮影済みのフィルムを持ち込む。最短90分でデータが用意され、データをカウンターにて自身のスマートフォンに取り込むサービス。フィルム写真の味わいとデジタル写真の利便性、その双方を可能とすることで人気が高い。転送サービスと同時にデータを保存したCDをオーダーできるのでネガフィルムの管理から解放されるのも人気の一因。また、最近では返却されるネガフィルムを受け取らず、データだけを持ち帰るユーザーも多いらしく、今の時代を物語っている。「写ルンです」にも対応、まずは久々にフィルムカメラの世界に触れてみたいというユーザーにもおすすめ。

データ転送サービス
フィルム1本／1,100円
CD付きプラン／1,375円（共に税込み）
取材協力／ビックロ ビックカメラ新宿東口店
https://www.biccamera.co.jp/service/store/photo/tensou/index

（上）サービスは店舗の「写真プリント受付カウンター」にて、通常のフィルム現像と同じ流れで依頼をする。（下）重量感が所有欲を満たす古いフィルムカメラ。30年分の思い出がボディの傷として刻まれたCONTAX T2（本人私物）。

本誌編集長
茂木政次

雑誌編集者。大学卒業後、旅行会社にて商品企画、マーケティング業務に従事。その後、東京ニュース通信社に入社、クルーズ情報誌「船の旅」編集部に配属。2007年より同誌編集長に就任。2012年に本誌創刊に参画。クルーズオブザイヤー選考委員、三越クルーズファッションカタログ監修なども務める。

世界のクルーズシーンを紹介する季刊誌

定価1,320円(本体1,200円+税10%)／3・6・9・12月発行

2021年4月
**にっぽんの客船
アーカイブス**
ISBN978-908514-24-1
世界に誇る日本の客船文化を歴史から読み解く一冊。前半はミュージアム収蔵を軸に、後半では海事史家・野間恒のエッセイを軸に優雅な船旅文化を紹介。

2020年12月
**幸せのクルーズライフ
2021**
ISBN978-908514-23-4
「乗るだけで笑顔になれる」「幸せに包まれる」クルーズを紹介。改装間もない飛鳥Ⅱを上田寿美子が案内するなどハッピークルーズの数々がここに。

2020年6月
**大人が愛する
究極の冒険航海**
ISBN978-908514-22-7
いま世界では冒険スタイルのクルーズが人気だ。シルバーシークルーズのラグジュアリーな冒険クルーズを軸にその魅力に迫ってみた。

2020年3月
**シンガポール
100の情熱**
ISBN978-908514-21-0
アジアNo.1クルーズハブとして人気の高まるシンガポール。世界での唯一無二の存在感を放つ小さな港町の最新情報を、多様な角度で掘り下げた一冊。

2019年12月
**ダグラス・ワードと、
最上の航海へ。**
ISBN978-908514-20-3
世界で最も高名なクルーズ評論家ダグラス・ワード。50年にわたる観察眼から導き出す、いま最も乗るべき客船の数々をグラフィックにレポート。

2019年9月
**ネイチャークルーズ
入門**
ISBN978-4-908514-19-7
大自然に向き合い、動物たちに出会う。秘境と言われる場所、そこに行かなければ出会えない感動を求めて。すごい、かわいいに出会うクルーズガイド。

2019年6月
**アジア、
魂のサンクチュアリへ。**
ISBN978-4-908514-18-0
アジアの港には多様な街の文化と感動が待っている。9つの街を巡るアジアクルーズのグラフィックレポート。同じ街は二つと無かった。

2019年3月
**ゆえに、
シルバーシーを愛す。**
ISBN 978-4-908514-17-3
創業25周年を迎えた、ラグジュアリークルーズの騎手としての輝きを放つハイブランド、シルバーシークルーズの魅力に迫る。

2018年12月
**いま、
「見知らぬ港町」へ**
ISBN978-4-908514-16-6
「寄港地2.0」をテーマに、次に行きたい、行くべき港町を探る一冊。世界のクルーズトラベラーの探求心を満たす注目の港町の数々を紹介する。

クルーズトラベラーから生まれた小さなブックシリーズ

2017年7月
**上田寿美子の
クルーズ！万才**
ISBN978-4-908514-10-4
テレビでおなじみ上田寿美子によるエッセイ集。45年の乗船経験をもとに船旅の素晴らしさを楽しく紹介。
定価1,600円(税別)

2016年7月
飛鳥ダイニング
ISBN978-4-908514-05-0
日本の名船、飛鳥Ⅱ。大人たちを楽しませてきた料理、空間、もてなし術から美食の歴史までを一挙公開。
定価2,000円(税別)

2016年3月
極上のクルーズ手帳
ISBN978-4-908514-02-9
クルーズコーディネーター喜多川リュウが長年の乗船経験を基にまとめたクルーズ解説書の決定版。
定価1,600円(税別)

2015年7月
ONE OCEAN
by Kazashito Nakamura
ISBN978-4-9907514-9-4
写真家・中村風詩人によるファースト写真集。世界3周分を航海して撮り続けた水平線が一冊の本に。
定価2,200円(税別)

■バックナンバーのお求めは

A＞お近くの書店にてご注文ください。
各刊のISBNコードをお伝えいただくとスムーズにご注文いただけます。

B＞ *honto* honto.jpでもご注文可能です。

| すべて▼ | クルーズトラベラー | 検索 |

クルーズトラベラーで検索すると一覧が表示されます。

バックナンバーに関するお問い合わせ先

クルーズトラベラーカスタマーセンター
〒104-0061
東京都中央区銀座6-14-8
銀座石井ビル4F
TEL.0120-924-962 (土日祝を除く平日10時〜15時)

個人自由旅行を提供する高級クルーズ専門デスク *iCruise*

～ クルーズを愛する読者へ贈る 2022年こそ行きたい大人のクルーズ ～

Ponant フランス客船で楽しむ
大人の冒険クルーズ

南極、北極、キンバリー、アマゾン川、インド洋など冒険クルーズを世界で最も多様なコースで提供する船会社・ポナン。美食に定評のあるフランス客船で「冒険旅行に行けるラグジュアリー客船」がコンセプト。
エスプリの効いた船上生活と冒険心に満ちた体験の両方を堪能できる、通常のクルーズとは一味も二味も違う船旅です。
2021年10月には世界初の環境に配慮したラグジュアリー砕氷客船「ル・コマンダン・シャルコー」が就航、北極・南極をベースに砕氷船ならではの航路で深みのある冒険を提供します。また日本人エクスペディション・リーダー乗船コースも予定し、船内レクチャーなど個人旅行の方にもご乗船しやすいコースをご用意いたします。

おすすめコース
日本人エクスペディション・リーダー 伊知地氏乗船
2022年7月23日出航 ル・コマンダン・シャルコー
北極点到達クルーズ 15泊16日 お一人様 26,660ユーロ～

2023年南極クルーズ 伊知地氏乗船コースも計画中

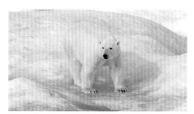 

ゆったりと物語を紡ぐように愉しむ
ヨーロッパ リバークルーズ

リバークルーズの醍醐味。それは、流れゆく美しい両岸の風景を屋上デッキでゆったりと眺める贅沢な時間です。当たり前ですが川なので波やうねりがなく、船酔いが心配という方、クルーズ初心者の方でも安心して楽しめます。海のクルーズ客船より小さいリバー客船は、アットホームな環境で船内生活を楽しむことができ、乗り降りする桟橋は街のすぐそば。ほとんどの寄港地では降りたらすぐに徒歩で観光を楽しめます。
特にドナウ、ライン川はじめとするヨーロッパのリバークルーズはいくつもの国を跨ぎ、両岸に広がる古城や美しい街並みなど変わりゆく景色は物語を紡ぐようです。"As you like'自分のペースで楽しめるリバークルーズは個人旅行に最適な旅の新スタイルです。

おすすめコース
2022年6月17日出航 アマデウス・カーラ
クラシカル・ライン川 (アムステルダム～バーゼル) 7泊8日 お一人様 1784.15ユーロ～

2022年6月24日出航 アマデウス・スター
ドナウ川ラプソディ (パッサウ発着) 7泊8日 お一人様 1699.15ドル～

EVENTのご案内（無料）	**～一度は行きたいとお考えの方へ 旅の予習をしませんか～**
2021年10月上旬頃 東京都内にて開催予定	**個人旅行で行く 北極・南極 大人の冒険航海&ヨーロッパ リバークルーズセミナー**

①Ponantフランス客船で楽しむ北極・南極 大人の冒険航海
一生に一度は行きたい北極・南極を中心にその魅力とおすすめコースなどをご案内いたします。またゲストとしてポナン日本・韓国支社長の伊知地 亮氏をお招きし、世界初のラグジュアリー砕氷客船「ル・コマンダン・シャルコー」の乗船体験談もお話しいただく予定です。

②ゆったりと物語を紡ぐように楽しむ大人のヨーロッパ リバークルーズ
ヨーロッパの魅力あふれる寄港地を巡るリバー・クルーズ。個人クルーズ旅行をご検討の方を対象に、リバークルーズ3社の魅力、ドナウ川、ライン川を中心としたおすすめコース、お役立ち情報、ゲストトークを開催予定です。

ゲスト　　　　　ゲスト　　　　モデレーター

ポナン 日本・韓国支社長　　CruiseTraveller 編集長　　iCruiseクルーズ・マスター
伊知地 亮 氏　　　　　茂木 政次 氏　　　　菅谷 孝幸

事前予約制・無料
〈参加方法のご案内〉
右記QRコードよりiCruiseメルマガ登録、または公式LINEに友達追加をお願いします。ご登録後、セミナー詳細・お申込み方法をご案内いたします。

 iCruise メルマガ登録 iCruise公式LINE 友達追加

---

iCruise

株式会社ICM　iCruise事業部
〒108-0072 東京都港区白金1-29-9-601

TEL：03-6450-2560
（平日09：30～18：00/土日祝日休業）
EMAIL：contact@icm-i.co.jp

 WEB:
https://www.icruises.jp/

Q アイ・クルーズ で検索

Follow us!
 icruisejapan
 iCruise309

宮古体験型グルメ「瓶ドン」〜宮古港

「瓶に詰まった宮古の恵みをほかほかご飯にまるごとかけて」をコンセプトに、牛乳瓶に入った旬の食材を、「見て・盛り付けて・味わう」体験型のご当地丼。市内10店舗＋3宿泊施設で提供中！ ぜひご賞味ください。

■宮古観光文化交流協会HP
https://www.kankou385.jp/spacial2018/

特別名勝　栗林公園〜高松港

ミシュラン三ツ星の特別名勝「栗林公園」は、300年近く前に、高松藩主松平家の別邸として完成しました。文化財庭園の中で日本最大の広さを誇り、一歩一景といわれる変化に富んだ美しさを感じることができます。秋は紅葉が美しく、毎年11月下旬から12月上旬までライトアップを実施しています。

■栗林公園紹介HP
https://www.my-kagawa.jp/ritsuringarden

江戸時代から続く職人こだわりの日本酒〜佐世保港

大自然で育ったお米と水で作られる地酒を、佐世保の旬な食材とともに堪能してみませんか！ 例年10月から11月にかけて、江戸時代から続く佐世保の2大酒蔵、潜龍酒造と梅ヶ枝酒造では「秋の蔵開き」が開催されます。両酒蔵と渋谷がコラボした、観光スポットのデザインラベルが楽しい「渋谷酒」も限定販売中。

■佐世保港クルーズ観光情報
http://sasebokankou.n-cruisenavi.com/

楽しい港スタイル
集めました

rui + tonami

[ルイタス-トナミ]

「港スタイル」逆さま読みの当コーナーでは、楽しい、美しいの集積地にっぽんの港の旬な情報を紹介しています。

空中から楽しむ錦秋の立山黒部アルペンルート〜伏木富山港

秋の紅葉が美しい立山黒部アルペンルート。標高が高いため紅葉開始時期は日本で最も早く、例年9月中旬から室堂付近で見頃を迎えます。標高差があるため、時期をずらせば称名滝、美女平、弥陀ヶ原など、各地で紅葉観賞ができます。9月下旬頃からは立山ロープウェイで、雪の後立山連峰を背景に紅葉のカーペットを眺める空中散歩が楽しめます。

■立山黒部アルペンルート
https://www.alpen-route.com/index.php

着物ウィークin萩〜萩港

古の城下町の面影を今もとどめる、風情の漂うまち、萩。10月には、着物を着てまち歩きを楽しんでいただけるイベント「着物ウィークin萩」が開催されます。まるで江戸時代にタイムスリップしたかのような、特別な体験をどうぞ。

■萩市観光協会HP：
https://www.hagishi.com/

張り子の虎で疫病退散〜大阪港

大阪で「神農（しんのう）さん」の愛称で親しまれる、医薬の神をまつる少彦名（すくなひこな）神社では、毎年11月22日・23日に神農祭を開催。御守りとして授与される「張り子の虎」は1822年の疫病流行の際、丸薬とともに人々へ配布されたことに由来する。コロナ禍の折、無病息災・家内安全祈願に参拝してはいかが。

■大阪観光局の神農祭紹介ページ
https://osaka-info.jp/page/events-shinnosai-fes

ふぐざく発祥の地〜新居浜港

静かな海面が広がる燧灘の中心部に位置する新居浜港。ふぐざくは新居浜発祥の郷土料理でふぐの切り身、皮、ネギ、カワハギの肝に薬味を加えポン酢で味付けしており、市内各地の料亭・居酒屋などで10月頃から提供され、観光客に人気です。

■愛媛県新居浜市観光物産課HP
https://www.city.niihama.lg.jp/soshiki/kankou/

Cruise Line Directory クルーズラインディレクトリー

AsukaⅡ
ゆとりの空間で楽しむ
日本最大級の客船

郵船クルーズ
TEL. 0570-666-154
http://www.asukacruise.co.jp

郵船クルーズ	t	乗客定員	乗組員数	全長	全幅	就航・改装年
AsukaⅡ 飛鳥Ⅱ	50,444	800	470	241	29.6	2006

Nippon Maru
伝統を受け継ぐ
和のおもてなし

商船三井客船
TEL. 0120-791-211
http://www.nipponmaru.jp

商船三井客船	t	乗客定員	乗組員数	全長	全幅	就航・改装年
Nippon Maru にっぽん丸	22,472	524	230	116.6	24	2010

Pacific Venus
ふれんどしっぷの
温かみあふれる客船

日本クルーズ客船
TEL. 0120-017-383
http://www.venus-cruise.co.jp

日本クルーズ客船	t	乗客定員	乗組員数	全長	全幅	就航・改装年
Pacific Venus ぱしふぃっくびいなす	26,594	644	204	183.4	25	1998

Carnival Cruise Lines
"ファンシップ"が合言葉、
世界最大のクルーズライン。

アンフィトリオン・ジャパン
TEL. 03-3832-8411
http://www.amphitryon.co.jp

カーニバルクルーズライン	t	乗客定員	乗組員数	全長	全幅	就航・改装年
Carnival Conquest カーニバルコンクエスト	110,000	2,974	1,150	290.47	35.36	2002
Carnival Breeze カーニバルブリーズ	130,000	3,690	1,386	306	37.18	2012
Carnival Sunshine カーニバルサンシャイン	101,353	2,642	1,050	272.19	35.36	1996
Carnival Dream カーニバルドリーム	130,000	3,646	1,367	306	37.19	2009
Carnival Ecstasy カーニバルエクスタシー	70,367	2,056	920	260.6	31.39	1991
Carnival Elation カーニバルイレーション	70,367	2,052	920	260.6	31.39	1998
Carnival Freedom カーニバルフリーダム	110,000	2,974	1,180	290.47	35.36	2007
Carnival Glory カーニバルグローリー	110,000	2,974	1,180	290.47	35.36	2003
Carnival Horizon カーニバルホライゾン	133,500	3,930	1,450	322	37	2018
Carnival Legend カーニバルレジェンド	88,500	2,124	930	293.52	32.2	2002
Carnival Liberty カーニバルリバティ	110,000	2,976	1,180	290.47	35.36	2005
Carnival Magic カーニバルマジック	130,000	3,690	1,386	306	35.36	2011
Carnival Miracle カーニバルミラクル	88,500	2,124	910	293.52	32.2	2004
Carnival Panorama カーニバルパノラマ	133,500	3,954	1,450	322	37	2019
Carnival Paradise カーニバルパラダイス	70,367	2,052	920	260.6	31.39	1998
Carnival Pride カーニバルプライド	88,500	2,124	910	293.52	32.2	2002
Carnival Sensation カーニバルセンセーション	70,367	2,056	920	260.6	31.39	1993
Carnival Spirit カーニバルスピリット	88,500	2,124	910	293.52	32.2	2001
Carnival Splendor カーニバルスプレンダー	113,000	3,006	1,503	290.17	35.36	2008
Carnival Triumph カーニバルトライアンフ	101,509	2,758	1,090	272.19	35.36	1999
Carnival Valor カーニバルヴァラー	110,000	2,984	1,150	290.47	35.36	2004
Carnival Victory カーニバルビクトリー	101,509	2,758	1,090	272.19	35.36	2000
Carnival Vista カーニバルビスタ	133,500	3,934	1,450	321	—	2016
Mardi Gras マルディグラ	180,000	5,500	—	344	—	2020

Celebrity Cruises
きめ細かなサービスが売りの
エレガントなクルーズ。

クルーベル・コミュニケーション・ジャパン
https://www.celebritycruises.com

セレブリティクルーズ	t	乗客定員	乗組員数	全長	全幅	就航・改装年
Azamara Journey アザマラジャーニー	30,277	694	390	180	25	2000
Azamara Quest アザマラクエスト	30,277	694	390	180	25	2000
Celebrity Apex セレブリティエイペックス	129,500	2,918	1,320	306	39	2020
Celebrity Constellation セレブリティコンステレーション	91,000	2,034	920	294	32	2002
Celebrity Eclipse セレブリティイクリプス	122,000	2,850	1,246	314	36	2010
Celebrity Edge セレブリティエッジ	129,500	2,918	1,320	306	39	2018
Celebrity Equinox セレブリティイクノス	122,000	2,850	1,246	314	36	2009
Celebrity Flora セレブリティフローラ	5,739	100	—	101	16	2019
Celebrity Infinity セレブリティインフィニティ	91,000	2,050	999	294	32	2001
Celebrity Millennium セレブリティミレニアム	91,000	2,034	999	294	32	2000
Celebrity Silhouette セレブリティシルエット	122,000	2,886	1,233	314	36	2011
Celebrity Solstice セレブリティソルスティス	122,000	2,850	1,246	314	36	2008
Celebrity Summit セレブリティサミット	91,000	2,038	999	294	32	2001
Celebrity Xpedition セレブリティエクスペディション	2,824	92	64	90	14	2004

Crystal Cruises
日本人の感性にマッチした
ラグジュアリーな外国船。

クリスタルクルーズ
https://www.crystalcruises.jp

クリスタルクルーズ	t	乗客定員	乗組員数	全長	全幅	就航・改装年
Crystal Serenity クリスタルセレニティ	68,870	1,070	655	250	32.2	2003
Crystal Symphony クリスタルシンフォニー	51,044	922	566	238	30.2	1995

Cunard
英国の誇りと伝統を感じる
クルーズライン。

キュナードライン ジャパンオフィス
http://www.cunard.jp

キュナード	t	乗客定員	乗組員数	全長	全幅	就航・改装年
Queen Elizabeth クイーンエリザベス	90,400	2,092	1,003	294	32.25	2010
Queen Mary2 クイーンメリー 2	151,400	2,620	1,253	345	41	2004
Queen Victoria クイーンヴィクトリア	90,000	2,000	1,001	294	32.3	2007

　t…トン(t)　乗客定員(人)　乗組員数(人)　全長(m)　全幅(m)　就航・改装(年)

Costa Cruises

陽気なイタリアンスタイルが魅力、アジアクルーズも充実。

コスタクルーズ
http://www.costajapan.com

コスタクルーズ	t	🏛	👥	↕	↔	⛴
Costa Atlantica コスタアトランチカ	86,000	2,680	897	292.5	32.2	2000
Costa neoClassica コスタネオクラシカ	53,000	1,680	607	220.6	30.8	1991
Costa Deliziosa コスタデリチョーザ	92,600	2,826	934	294	32.3	2010
Costa Diadema コスタディアデマ	132,500	4,947	1,253	306	37.2	2014
Costa Favolosa コスタファボローザ	114,500	3,800	1,100	290	35.5	2011
Costa Fascinosa コスタファシノーザ	113,200	3,800	1,100	290	35.5	2012
Costa Fortuna コスタフォーチュナ	103,000	3,470	1,027	272	35.5	2003
Costa Luminosa コスタルミノーザ	92,600	2,826	1,050	294	32.3	2009
Costa Magica コスタマジカ	103,000	3,470	1,027	272	35.5	2004
Costa Mediterranea コスタメディタラニア	86,000	2,680	897	292	32.2	2003
Costa Pacifica コスタパシフィカ	114,500	3,780	1,100	290	35	2009
Costa neoRiviera コスタネオリビエラ	48,200	1,727	500	216.5	28.8	1999
Costa Serena コスタセレーナ	114,500	3,780	1,100	290	35.5	2007
Costa Venezia コスタベネチア	135,500	5,260	—	323.6	37.2	2019

Disney Cruise Line

ディズニーの世界を満喫できるクルーズライン。

郵船トラベル
TEL. 0120-55-3951
http://www.ytk.co.jp/dis/index

ディズニークルーズライン	t	🏛	👥	↕	↔	⛴
Disney Dream ディズニードリーム	128,000	4,000	1,458	340	38	2011
Disney Magic ディズニーマジック	83,000	2,400	975	294	32	1998
Disney Wonder ディズニーワンダー	83,000	2,400	975	294	32	1999

Dream Cruises

美食やホスピタリティが魅力のアジア初のプレミアム客船

ゲンティンクルーズライン
スタークルーズ日本オフィス
TEL. 03-6403-5188
http://www.dreamcruise.jp

ドリームクルーズ	t	🏛	👥	↕	↔	⛴
Explorer Dream エクスプローラードリーム	75.338	1,856	1,225	268	32	1999
Genting Dream ゲンティンドリーム	150,695	3,352	2,016	335	40	2016
World Dream ワールドドリーム	150,695	3,352	2,016	335	40	2017

Holland America Line

美術館のような内装も魅力のクルーズライン。

オーバーシーズトラベル
TEL. 03-3567-2266
http://www.cruise-ota.com/holland

ホーランドアメリカライン	t	🏛	👥	↕	↔	⛴
Amsterdam アムステルダム	62,735	1,380	600	238	32.2	2000
Eurodam ユーロダム	86,273	2,104	929	285.3	32	2008
Koningsdam コーニングズダム	99,500	2,650	—	297	35	2016
Maasdam マースダム	55,575	1,627	580	219.21	30.8	1993
Nieuw Amsterdam ニューアムステルダム	86,273	2,104	929	285	32.2	2010
Nieuw Statendam ニュースタテンダム	99,500	2,666	—	297	35	2019
Noordam ノールダム	82,318	2,457	800	285	32.21	2006
Oosterdam オーステルダム	82,305	1,916	817	285	32.22	2003
Prinsendam プリンセンダム	38,848	835	428	204	28.9	1988
Rotterdam ロッテルダム	61,849	1,802	600	237.95	32.25	1997
Veendam ヴィーンダム	57,092	1,719	580	219.21	30.8	1996
Volendam フォーレンダム	61,214	1,850	615	237.91	32.25	1999
Westerdam ウエステルダム	82,348	2,455	817	285.24	32.21	2004
Zaandam ザーンダム	61,396	1,850	615	237	32.25	2000
Zuiderdam ザイデルダム	82,305	2,387	817	285.42	32.25	2002

MSC Cruises

地中海生まれのイタリアンスタイルクルージング。

MSCクルーズジャパン
TEL. 03-5405-9211
http://www.msccruises.jp

MSCクルーズ	t	🏛	👥	↕	↔	⛴
MSC Armonia MSCアルモニア	65,542	2,679	721	274.9	32	2004
MSC Bellissima MSCベリッシマ	167,600	5714	—	315.83	43	2019
MSC Divina MSCディヴィーナ	139,072	4,345	1,388	333.3	37.92	2012
MSC Fantasia MSCファンタジア	137,936	4,363	1,370	333.3	37.92	2008
MSC Grandiosa MSCグランディオーサ	181,000	6,334	1,704	331.43	43	2019
MSC Lirica MSCリリカ	65,591	2,679	721	274.9	32	2003
MSC Magnifica MSCマニフィカ	95,128	3,223	1,038	293.8	32.2	2010
MSC Meraviglia MSC メラビリア	171,598	5,714	1,536	315	43	2017
MSC Musica MSCムジカ	92,409	3,223	1,014	293.8	32.2	2006
MSC Opera MSCオペラ	65,591	2,679	728	274.9	32	2004
MSC Orchestra MSCオーケストラ	92,409	3,223	1,054	293.8	32.2	2007
MSC Seaside MSCシーサイド	160,000	5,179	1,413	323	41	2017
MSC Seaview MSCシービュー	160,000	5,179	1,413	323	41	2018
MSC Sinfonia MSCシンフォニア	65,542	2,679	765	274.9	32	2005
MSC Splendida MSCスプレンディダ	137,936	4,363	1,370	333.3	37.92	2009
MSC Poesia MSCポエジア	92,627	3,223	1,388	293.8	32.2	2008
MSC Preziosa MSCプレチオーサ	139,072	4,345	1,388	333.3	37.92	2013

Norwegian Cruise Line

楽しみ方自由自在の、
フリースタイルクルージング。

ノルウェージャンクルーズライン
http://www.ncljpn.jp

ノルウェージャンクルーズライン	t	🏛	👥	↕	↔	⚓
Norwegian Breakaway ノルウェージャンブレイクアウェイ	144,017	4,000	1,753	324	39.7	2013
Norwegian Bliss ノルウェージャンブリス	168,028	4,004	1,716	331.4	41.4	2018
Norwegian Dawn ノルウェージャンドーン	92,250	2,224	1,126	294.1	32	2001
Norwegian Encore ノルウェージャンアンコール	167,800	3,998	1,735	333	41.4	2019
Norwegian Epic ノルウェージャンエピック	155,873	4,100	1,753	329	40.5	2010
Norwegian Getaway ノルウェージャンゲッタウェイ	146,600	4,000	1,753	324	39.7	2014
Norwegian Gem ノルウェージャンジェム	93,530	2,394	1,101	294.1	32.2	2007
Norwegian Jade ノルウェージャンジェイド	93,558	2,402	1,076	294.1	32.2	2008
Norwegian Jewel ノルウェージャンジュエル	93,502	2,376	1,100	294.1	32.2	2005
Norwegian Pearl ノルウェージャンパール	93,530	2,394	1,099	294	32.2	2006
Norwegian Sky ノルウェージャンスカイ	77,104	950	914	260	32.2	2002
Norwegian Star ノルウェージャンスター	91,000	2,240	1,069	294.1	32	2002
Norwegian Sun ノルウェージャンサン	78,309	1,936	916	260	32.2	2001
Pride of America プライドオブアメリカ	80,439	2,138	1,000	280.4	32.1	2005

Oceania Cruises

ベルリッツクルーズガイドで5つ星、
有名シェフが手がけるグルメも魅力。

オーシャニアクルーズ
TEL.03-4530-9884
https://jp.oceaniacruises.com

オーシャニアクルーズ	t	🏛	👥	↕	↔	⚓
Nautica ノーティカ	30,277	684	386	181	25.5	1998
Marina マリーナ	65,000	1,258	800	236.7	32.1	2011
Riviera リビエラ	65,000	1,250	800	236.7	32.1	2012
Regatta レガッタ	30,277	684	386	181	25.5	1998

Paul Gauguin Cruises

タヒチの島々を巡るラグジュアリー客船

インターナショナル・クルーズ・マーケティング
TEL. 03-5405-9213
http://www.icmjapan.co.jp/pg

ポールゴーギャンクルーズ	t	🏛	👥	↕	↔	⚓
Paul Gauguin ポールゴーギャン	19,200	332	217	156.5	21.6	2012

Ponant

美食が売りの、
ガストロノミーシップ。

ポナン
http://www.ponant.jp

ポナン	t	🏛	👥	↕	↔	⚓
L'austral ロストラル	10,700	264	140	142	18	2011
Le Boreal ルボレアル	10,700	264	140	142	18	2010
Le Bougainville ルブーゲンビル	9,900	184	110	131	18	2019
Le Champlain ルシャンプラン	9,900	184	110	131	18	2018
Le Dumont d'Urville ルデュモンデュルヴィル	9,900	184	110	131	18	2019
Le Jacques Cartier ルジャックカルティエ	9,900	184	110	131	18	2021
Le Laperouse ルラペルーズ	9,900	184	110	131	18	2018
Le Lyrial ルリリアル	10,700	260	140	142	18	2015
Le Ponant ルポナン	1,443	64	32	88	12	1991
Le Soleal ルソレアル	10,700	264	140	142	18	2013

Princess Cruises

個人の好みに合わせた、
パーソナルチョイスクルージング。

プリンセスクルーズ ジャパンオフィス
http://www.princesscruises.jp

プリンセスクルーズ	t	🏛	👥	↕	↔	⚓
Island Princess アイランドプリンセス	92,000	1,970	900	290	32	2003
Caribbean Princess カリビアンプリンセス	116,000	3,100	1,100	290	36	2004
Coral Princess コーラルプリンセス	92,000	1,970	900	290	32	2002
Crown Princess クラウンプリンセス	116,000	3,070	1,100	290	36	2006
Dawn Princess ドーンプリンセス	77,000	1,950	900	261	32	1997
Diamond Princess ダイヤモンドプリンセス	116,000	2,670	1,238	290	37.5	2004
Emerald Princess エメラルドプリンセス	113,000	3,070	1,100	290	36	2007
Golden Princess ゴールデンプリンセス	109,000	2,600	1,100	290	36	2001
Grand Princess グランドプリンセス	109,000	2,600	1,100	290	36	1998
Majestic Princess マジェスティックプリンセス	143,700	3,560	1,350	330	38.4	2017
Ocean Princess オーシャンプリンセス	30,200	670	370	178	25	1999
Pacific Princess パシフィックプリンセス	30,200	670	370	178	25	1999
Ruby Princess ルビープリンセス	113,000	3,070	1,100	290	36	2008
Sapphire Princess サファイアプリンセス	116,000	2,670	1,238	290	37.5	2004
Sky Princess スカイプリンセス	144,650	3,660	1,346	330	38.4	2019
Star Princess スタープリンセス	109,000	2,600	1,100	290	36	2002
Regal Princess リーガルプリンセス	141,000	3,600	1,346	330	47	2014
Royal Princess ロイヤルプリンセス	141,000	3,600	1,346	330	47	2013

Regent Seven Seas Cruises

思うままにくつろげる、
洋上の我が家。

リージェントセブンシーズクルーズ
https://jp.rssc.com

リージェントセブンシーズクルーズ	t	🏛	👥	↕	↔	⚓
Seven Seas Explorer セブンシーズエクスプローラー	56,000	542	748	224	31	2016
Seven Seas Mariner セブンシーズマリナー	48,075	700	445	216	28.3	2001
Seven Seas Navigator セブンシーズナビゲーター	28,550	490	345	172	24.7	1999
Seven Seas Splendor セブンシーズスプレンダー	50,125	750	542	224	31	2020
Seven Seas Voyager セブンシーズボイジャー	42,363	700	447	204	28.8	2003

t…トン(t) 🏛…乗客定員(人) 👥…乗組員数(人) ↕…全長(m) ↔…全幅(m) ⚓…就航・改装(年)

Royal Caribbean International

世界最大の客船も有する、バラエティ豊かなラインアップ。

ロイヤルカリビアンインターナショナル	t	🛏	👤	↕	↔	🚢
Adventure of the Seas　アドベンチャーオブザシーズ	137,276	3,114	1,185	310	48	2001
Anthem of the Seas　アンセムオブザシーズ	167,800	4,180	1,500	348	41	2015
Allure of the Seas　アリュールオブザシーズ	225,282	5,400	2,384	361	66	2010
Brilliance of the Seas　ブリリアンスオブザシーズ	90,090	2,112	848	293	32	2002
Enchantment of the Seas　エンチャントメントオブザシーズ	81,000	2,252	873	301	32	1997
Explorer of the Seas　エクスプローラーオブザシーズ	137,308	3,114	1,185	310	48	2000
Freedom of the Seas　フリーダムオブザシーズ	154,407	3,634	1,360	338	56	2006
Harmony of the seas　ハーモニーオブザシーズ	227,000	5,400	2,165	361	63	2016
Independence of the Seas　インディペンデンスオブザシーズ	154,407	3,634	1,360	338	56	2006
Jewel of the Seas　ジュエルオブザシーズ	90,090	2,112	859	293	32	2004
Liberty of the Seas　リバティオブザシーズ	154,407	3,634	1,360	338	56	2007
Majesty of the Seas　マジェスティオブザシーズ	73,941	2,380	884	268	32	1992
Mariner of the Seas　マリナーオブザシーズ	138,279	3,114	1,185	310	48	2003
Navigator of the Seas　ナビゲーターオブザシーズ	138,279	3,114	1,213	310	48	2002
Oasis of the Seas　オアシスオブザシーズ	225,282	5,400	2,384	361	66	2009
Ovation of the Seas　オベーションオブザシーズ	167,800	4,180	1,500	348	41	2016
Quantum of the Seas　クァンタムオブザシーズ	167,800	4,180	1,500	348	41	2014
Radiance of the Seas　レディアンスオブザシーズ	90,090	2,139	869	293	32	2001
Rhapsody of the Seas　ラプソディオブザシーズ	78,491	1,998	765	279	32	1997
Serenade of the Seas　セレナーデオブザシーズ	90,090	2,110	891	294	32	2003
Spectrum of the Seas　スペクトラムオブザシーズ	168,666	4,246	1,551	347	41	2019
Symphony of the Seas　シンフォニーオブザシーズ	230,000	5,494	2,175	362	65	2018
Vision of the Seas　ビジョンオブザシーズ	78,491	2,000	765	279	32	1998
Voyager of the Seas　ボイジャーオブザシーズ	137,276	3,114	1,176	310	48	1999

ミキ・ツーリスト
http://www.royalcaribbean.jp

SAGA Cruises

落ち着いた雰囲気の中楽しめる、ブリティッシュスタイルクルーズ。

サガクルーズ	t	🛏	👤	↕	↔	🚢
Saga Sapphire　サガサファイア	33,701	1,158	406	199	28.6	1982
Spirit of Discovery　スピリットオブディスカバリー	58,250	999	517	236	31.21	2019

マーキュリートラベル
TEL. 045-664-4268
http://www.mercury-travel/saga

Seabourn Cruise Line

ヨットタイプのスモールシップで楽しむ、最高峰のクルーズ。

シーボーンクルーズライン	t	🛏	👤	↕	↔	🚢
Seabourn Encore　シーボーンアンコール	40,350	600	400	210	28	2016
Seabourn Odyssey　シーボーンオデッセイ	32,000	450	330	195	25.2	2009
Seabourn Quest　シーボーンクエスト	32,000	450	330	195	25.2	2011
Seabourn Sojourn　シーボーンソジャーン	32,000	450	330	195	25.2	2010

オーバーシーズトラベル
TEL. 03-3567-2266
http://cruise-ota.com/seabourn
カーニバル・ジャパン
TEL. 03-3573-3610
https://www.seabourn.com

Silversea Cruises

クルーズ界のロールスロイスとも呼ばれる、ラグジュアリーシップ。

シルバーシークルーズ	t	🛏	👤	↕	↔	🚢
Silver Cloud　シルバークラウド	16,800	296	222	156.7	21.5	1994
Silver Discoverer　シルバーディスカバラー	5,218	120	74	103	15.4	2014
Silver Origin　シルバーオリジン	5,800	100	—	101	16	2020
Silver Muse　シルバーミューズ	40,700	596	411	212.8	27	2017
Silver Shadow　シルバーシャドー	28,258	382	302	186	24.9	2000
Silver Spirit　シルバースピリット	36,000	540	376	198.5	26.2	2009
Silver Whisper　シルバーウィスパー	28,258	382	302	186	24.9	2001
Silver Wind　シルバーウインド	17,400	296	222	156.7	21.5	1995

シルバーシークルーズ
https://www.silversea.com

Star Clippers

風と波を感じる帆船で、魅惑の寄港地へ。

スタークリッパーズ	t	🛏	👤	↕	↔	🚢
Royal Clipper　ロイヤルクリッパー	4,425	227	106	134	16	2000
Star Clipper　スタークリッパー	2,298	170	74	115.5	15	1992
Star Flyer　スターフライヤー	2,298	170	74	115.5	15	1991

メリディアン・ジャパン
TEL. 0476-48-3070
https://starclippers.jp

Viking Ocean Cruises

名門バイキング社を受け継ぐ大人のためのクルーズライン

バイキングオーシャンクルーズ	t	🛏	👤	↕	↔	🚢
Viking Sea　バイキングシー	47,800	930	550	230	28.8	2016
Viking Star　バイキングスター	47,800	930	550	230	28.8	2015
Viking Sky　バイキングスカイ	47,800	930	550	230	28.8	2017
Viking Sun　バイキングサン	47,800	930	550	230	28.8	2017

オーシャンドリーム
TEL. 042-773-4037
http://oceandream.co.jp

Windstar Cruises

3隻のラグジュアリーな帆船を有するクルーズライン。

ウインドスタークルーズ	t	🛏	👤	↕	↔	🚢
Star Breeze　スタープリーズ	9,975	212	140	134	19	1989
Star Legend　スターレジェンド	9,975	212	140	134	19	1992
Star Pride　スタープライド	9,975	212	140	134	19	1988
Wind Spirit　ウインドスピリット	5,350	148	88	134	15.8	1988
Wind Star　ウインドスター	5,350	148	88	134	15.8	1986
Wind Surf　ウインドサーフ	14,745	312	163	187	20	1990

セブンシーズリレーションズ
TEL. 03-6869-7117
http://windstarcruises.jp

Final Edit

「箱」はできた。

text and photo by Masatsugu Mogi

フェリーシップにおける施設の上質化競争が激しい。最新の東京九州フェリー「はまゆう」は、そのフロントランナーと言ってよいだろう。ホールの真下のピアノとスクリーンを備えたステージに目が行く。21時間の滞在を快適に過ごさせる「意志」を強く感じる場所だ。さて、ここで何を発信するのかが興味深い。フェリーの場合、クルー人数の制約がある。ステージ上の企画は担当者の悩みどころであり、腕の見せどころだ。いっそのこと、さらに上質なスピーカーを新たに設置してクラシック音楽を流すとか？　太平洋の波に揺られながらのモーツァルトを聞くともなく聞く。クルーズ客船とは違う楽しませ方があってもよい。

CRUISE Traveller ONLINE
www.cruisetraveller.jp
CRUISE Traveller公式サイトでは
今号の取材模様を公開しています。

CRUISE Traveller

Staff

Publisher
Noriko Tomioka 富岡範子

Editor-in-Chief
Masatsugu Mogi 茂木政次

Associate Editor
Nami Shimazu 島津奈美

Editors
Taku Tanji 丹治たく
Koji Nakamachi 仲町康治
Chieko Chiba 千葉千枝子
Harumi Takaya 高谷治美

Art Director
Kenji Inukai 犬飼健二

Designers
Mayumi Takai 高井真由美
　　　　（犬飼デザインサイト）
Fukumi Ito 伊藤ふくみ
　　　　（犬飼デザインサイト）
Hiroyuki Hitomi 人見祐之
　　　　（PDSTUDIO）

Senior Correspondents
Hisashi Noma 野間恒

Contributing Editor
Yoshihito Hongo 本郷芳人
　　　　（rui+tonami）

Printing Manager
Kenichiro Imano 今野健一朗

CRUISE Traveller
クルーズトラベラー Autumn 2021
小さな船旅、
優雅な船旅。
2021年8月25日初版発行

Published by
発行
クルーズトラベラーカンパニー株式会社
〒104-0061
東京都中央区銀座6-14-8
銀座石井ビル4F
TEL 03-6869-3990

Distribution by
発売
丸善出版株式会社
〒101-0051
東京都千代田区神田神保町2-17
神田神保町ビル6F
電話 03-3512-3256

Printed by
印刷・製本
三共グラフィック株式会社

定期購読に関するお問い合わせ
TEL 0120-924-962
（土日祝を除く平日10〜15時）

ISBN 978-4-908514-25-8　C0026
Printed in Japan